BITCOIN

Descubra os segredos do Bitcoin e das Criptomoedas.

I0480688

Bill Gates

Cofundador da Microsoft, investidor e filantropo

"O Bitcoin é emocionante porque mostra o quão barato pode ser. O Bitcoin é melhor que a moeda tradicional, pois você não precisa estar fisicamente no mesmo lugar e, é claro, para grandes transações, a moeda tradicional pode ser bastante inconveniente." [Fonte: Bloomberg]

"Bitcoin é um tour de force tecnológico." [Fonte: Fox Business]

Richard Branson

Fundador da Virgin Galactic e mais de 400 empresas

"Bem, acho que está funcionando. Pode haver outras moedas como essa que podem ser ainda melhores. Mas, enquanto isso, há uma grande indústria em torno do Bitcoin. - As pessoas fizeram fortunas com o Bitcoin, algumas perderam dinheiro. É volátil, mas as pessoas também ganham dinheiro com a volatilidade." [Fonte: Bitcoin.com]

"A Virgin Galactic é uma tecnologia empreendedora ousada. Está dirigindo uma revolução. E o Bitcoin está fazendo exatamente o mesmo quando se trata de inventar uma nova moeda." [Fonte: CNBC]

Leon Louw

Nomeado ao Prêmio Nobel da Paz.

"Todas as pessoas informadas precisam conhecer o Bitcoin porque ele pode ser um dos acontecimentos mais importantes do mundo."

Eric Schmidt

Presidente executivo do Google

"[Bitcoin] é uma conquista criptográfica notável ... A capacidade de criar algo que não é duplicável no mundo digital tem um valor enorme…muitas pessoas construirão negócios através disso." [Fonte: Newsbtc.com]

John McAfee

Fundador da empresa de software e antivírus McAfee Associates

"A longo prazo, o Bitcoin vai ultrapassar os US $ 500.000, talvez em três anos. Quer apostar? McAfee tuitou em 17 de julho de 2017. Em sua resposta, ele acrescentou que, se isso não acontecer: *"Vou comer o meu punho na televisão nacional".* [Fonte: RT.com]

"Não é um investimento especulativo, embora esteja sendo usado como tal por outras pessoas. À medida que a rede Bitcoin cresce, o valor do Bitcoin cresce. À medida que as pessoas se mudam para o Bitcoin para fazer pagamentos ou receberem dinheiro, elas param de usar dólares americanos, euros e yuan chinês, o que a longo prazo desvaloriza essas moedas." [Fonte: RT YouTube]

Jeff Garzik

Co-fundador da Bloq Inc, um colaborador do Bitcoin Core, desenvolvedor de Bitcoin

"Quando ouvi falar sobre o Bitcoin pela primeira vez, pensei que era impossível. Como você pode ter uma moeda puramente digital? Não posso simplesmente copiar o seu disco rígido e ter os seus bitcoins? Eu não entendia como isso poderia ser feito, e então eu pesquisei e descobri que era brilhante, e incrivelmente seguro."

Peter Diamandis

Fundador e presidente da Fundação X Prêmio

"No fundo, o Bitcoin é uma moeda inteligente, projetada por engenheiros com visão de futuro. Elimina a necessidade de bancos, elimina as taxas de cartão de crédito, taxas de câmbio, taxas de transferência de dinheiro e reduz a necessidade de advogados em transações, ou seja, é tudo de bom."

Max Keiser

Emissora e cineasta americana, hospeda o Keizer Report, um programa financeiro que apresenta teorias heterodoxas da economia

"Bitcoin é a moeda da resistência ... Se Satoshi tivesse lançado o Bitcoin 10 anos antes, o 11 de setembro nunca teria acontecido"

Tyler Winklevoss

Co-inventor do Facebook

"Optamos por colocar o nosso dinheiro e fé em uma estrutura matemática livre de política e erro humano".

Peter Thiel

Co-fundador do Paypal

"Eu acho que o Bitcoin é o primeiro [dinheiro criptografado] que tem o potencial de fazer algo como mudar o mundo."

Milton Friedman

Vencedor do Prêmio Nobel de Economia prevendo o Bitcoin em 1999.

"Eu penso que a Internet será uma das maiores forças para reduzir o tamanho do governo. Uma coisa que está faltando, mas que em breve será desenvolvida é uma moeda eletrônica confiável."

Conteúdo

Agradecimento:

Não podia deixar de agradecer aos meus parceiros e amigos traders, Filipe Rocha, Miguel Freitas e, claro, o meu sócio António Faneca. Obrigado por todos os debates e trocas de experiencia sobre o mundo cripto.

Sobre o Autor:

A minha missão é partilhar o que faço nos meus diversos projectos online, como sites e blogs, produtos digitais, investimentos, finanças e tudo o que diga respeito a marketing digital, criação de renda passiva e muito mais.

Mostrar as diversas oportunidades que cada um tem, para alcançar o seu máximo potencial e a tornar-se a melhor versão de si mesmo nas mais diversas áreas da sua vida.

Eu escrevo sobre negócios e empreendimentos digitais mas não só. Hábitos e potencial humano, são alguns dos tópicos que eu também abordo.

Como podemos ser a melhor versão de nós mesmos?

Para responder a essa questão, eu descobri que nós não podemos melhorar apenas uma parte de nós, ou área da nossa vida, é necessário que haja convergência e melhoramento das várias áreas da nossa vida, seja finanças, saúde ou relações etc.

O meu objectivo é oferecer a inspiração e as estratégias de que você precisa para impulsionar sua jornada empreendedora.

Neste livro eu vou falar especificamente sobre bitcoin e criptomoedas, um mundo relativamente novo e fascinante.

Junte-se à revolução!

A Minha História Com O Bitcoin

A primeira vez que ouvi falar sobre Bitcoin foi por volta de 2011, em um forum americano. Nesse fórum, as pessoas partilham uma série de informações e estratégias sobre marketing digital, négocios online, e estratégias para ganhar mais dinheiro e criar renda passiva.

Em um certo dia que eu não posso precisar, um dos tópicos do fórum era sobre bitcoin. Eu fiquei interessado, mas como era relativamente novo no fórum e ainda não dispunha de muito avontade a navegar por lá, decidi apenas deixar um "gosto" na postagem, depois de ler.

Eu percebi na altura que o Bitcoin era uma moeda digital, e pouco mais.

Uns dias mais tarde, o autor do tópico no forum, enviou-me uma mensagem privada a perguntar se eu queria comprar $100 dólares de Bitcoin.

Como para pertencer a esse forum eu já havia pago $50 dólares, descartei logo a hipotese de gastar mais $100 a comprar algo que eu não conhecia, e além do mais eu não sabia como se processavam as transacções entre os membros do fórum.

Nessa data, esse valor daria para comprar cerca de 335 moedas de Bitcoin, uma verdadeira fortuna, nos dias de hoje.

Como a minha, certamente existem milhares de histórias semelhantes, e muitos ficam presos no, "e se eu tivesse comprado", "porque é que eu não comprei", é inevitável, a mim aconteceu exatamente o mesmo.

Mas enquanto muitos continuam a recriminar-se, eu resolvi aproveitar a oportunidade ainda emergente e por volta de 2015, quando voltei a ouvir falar novamente sobre bitcoin, decidi explorar mais a sério essa tecnologia.

Como já era investidor no mercado tradicional, o mercado de ações, voltei à carga, e comecei por acumular bitcoin e outras criptomoedas.

Como nos meus outros projectos, ou investimentos, fui aprimorando o meu conhecimento, e comecei a educar-me e aprender mais.

Comecei aprender, sobre o bitcoin em si, a sua história, como funciona a blockcahin, como se processam as transações, etc.

Como já tinha um vasto conhecimento em análise técnica, gráfica e fundamental de ativos, usei essa experiencia no Bitcoin.

Aumentei o investimento, até que comecei a negociar activamente, bitcoin e outras criptomoedas.

E neste livro pretendo passar-lhe a minha experiência, pois como vai poder constatar na imagem seguinte, nós ainda estamos na fase em que podemos - e devemos - apanhar esta onda tecnológica, que segundo algumas mentes brilhantes e empreendedores de sucesso, veio para mudar o mundo.

E a vida financeira, de milhares de pessoas. Pode você ser uma delas?

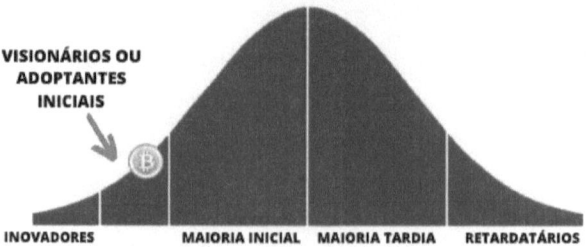

CURVA DE ADOÇÃO DO BITCOIN

*Baseada na curva de adopção da tecnologia do professor de Psicologia Everett Mitchell Rogers

VISIONÁRIOS OU ADOPTANTES INICIAIS

INOVADORES **MAIORIA INICIAL** **MAIORIA TARDIA** **RETARDATÁRIOS**

Lembre-se: a crise, para uns é fatal, para outros, aqueles que dispõem de recursos, sejam financeiros, ou em conhecimento, oferece oportunidades e vantagens.

E este livro pretende ajudar a que consiga algumas dessas vantagens.

Ps: Eu não sou um escritor profissional, por isso fiz todo o esforço para usar uma linguagem simples, e de fácil compreensão, mesmo para as pessoas menos técnicas.

Marco Rocha

Introdução - O que é o Bitcoin e as Criptomoedas?

Estando presente neste nicho desde o começo, temos cumprido a nossa missão de espalhar a palavra da criptomoeda para as massas.

Foi por esse motivo que iniciamos nossa página cryptomilionarios no instagram (link no final deste livro).

Desde então, a nossa comunidade tem crescido abundantemente!

Hoje, estamos orgulhosos de ter tornado o Cryptomilionarios uma das principais páginas do Instagram relacionada às Criptomoedas e tecnologia Blockchain.

Este livro pode ser visto como uma referência para todas as perguntas que você possa ter sobre negociar e investir, gerenciamento de portfólio, ferramentas, como evitar fraudes e muito mais!

Divirta-se lendo e aprendendo!

Neste livro, você aprenderá tudo sobre Bitcoin (BTC) e as Criptomoedas, como funcionam, por que existem e que tipo de tecnologia está por trás do Bitcoin.

Não foi assim há muito tempo que as pessoas começaram a ouvir as palavras 'Bitcoin' e 'Criptomoeda' pela primeira vez.

Poucas pessoas fora das comunidades de criptomoedas sabiam o que era e muitas pensavam que era apenas mais uma moda que estava prestes a falhar em alguns anos.

O valor de um bitcoin era de apenas alguns centavos, então, obviamente, não valia muito.

Por esse motivo, foi ignorado pelas massas.

Afinal, havia investimentos muito mais lucrativos que se poderiam fazer.

Aqueles que investiram somas de dinheiro na nova moeda digital acreditavam no sistema proposto pelo seu fundador, Satoshi Nakamoto, ou simplesmente queriam ver como isso funcionava.

De qualquer forma, aqueles que acreditaram foram enormemente recompensados e continuam sendo recompensados. Um único bitcoin, agora, custa milhares de dólares.

O Bitcoin levou apenas cinco anos para ultrapassar a marca de US $ 1.000 no final de 2013, e apenas alguns anos depois, os preços do Bitcoin atingiram o nível mais alto desde o início.

Foram muito além da marca de US $ 10.000 por cada Bitcoin!

Sendo a sua alta histórica de quase 20.000 dólares.

EVOLUÇÃO DO PREÇO DO BITCOIN

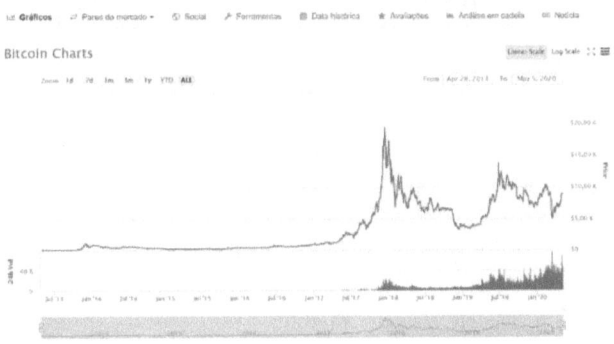

Com o preço a disparar e o crescimento extremamente rápido, cada vez mais pessoas começaram a ficar curiosas sobre o Bitcoin e as Criptomoedas em geral.

Uma Análise sobre as Criptomoedas e o passado colorido do Bitcoin

As Criptomoedas são moedas digitais. Ou seja, a sua natureza é eletrônica.

Elas não têm uma forma física, como papel-moeda ou moedas em si, como as que provavelmente tem na sua carteira agora.

Você não pode segurá-las fisicamente, mas pode comprar coisas com elas.

Dependendo do comerciante com quem está a negociar, eles podem aceitar mais de uma criptomoeda como pagamento.

De acordo com o CoinMarketCap, existem mais de 2.000 criptomoedas ativas no momento.

Se você deseja investir o seu dinheiro, mas não pode pagar o preços do Bitcoin no momento, há muitas Criptomoedas alternativas para escolher, como Ethereum, Litecoin, Ripple, Dash, Monero, Zcash e muito mais.

No entanto, existe a crença de que, para poder investir em bitcoins, terá que comprar, no mínimo, uma unidade inteira, o que é um investimento avultado.

Mas essa ideia é errada. Você pode comprar frações de bitcoin. Pode investir a quantia de dinheiro que preferir e essa é uma boa forma de começar a acumular Bitcoin!

As unidades fracionadas de um Bitcoin são os chamados "satoshis".

Exemplo: imagine que tem 200 euros. Pode pegar e comprar uma percentagem de bitcoin, que à cotação de hoje seria 0,022 satoshis.

É claro que recomendamos que você faça uma pesquisa aprofundada sobre a Criptomoeda na qual deseja investir, pois nem todas as Criptomoedas são iguais.

Algumas são mais estáveis que outras e, portanto, trariam melhores resultados.

Bitcoin não é a primeira Criptomoeda do mundo, mas é a mais bem-sucedida.

Mas no contexto atual diz-se que o bitcoin foi a primeira criptomoeda porque na realidade foi a primeira a vingar e a ter verdadeiro sucesso.

O Bitcoin usa tecnologia inovadora, e com fundamentos incriveis, como por exemplo ser uma moede deflacionária, em vez das moedas normais que sofrem inflação.

Outras vieram antes, mas todas falharam.

A razão do fracasso?

A moeda virtual tinha um problema inerente: os gastos eram em dobro, e não eram seguras.

Podia pagar US $ 100 a um comerciante e usar a mesma quantia para pagar um segundo comerciante!

Os golpistas simplesmente adoravam essa brecha.

Felizmente, em 2007, Satoshi Nakamoto começou a trabalhar no conceito Bitcoin.

Em 31 de outubro do ano seguinte, ele lançou seu white paper intitulado "Bitcoin: um sistema de caixa eletrônico ponto a ponto", (peer-to-peer), que descrevia um sistema de pagamento que abordava o problema das despesas em duplicado nas moedas digitais.

Foi um conceito brilhante que chamou a atenção da comunidade de Criptomoedas.

O software Bitcoin Project foi registrado no SourceForge pouco mais de uma semana após a publicação do white paper.

Em janeiro de 2009, o primeiro bloco de Bitcoin chamado 'bloco Genesis' foi extraído.

Dias depois, o bloco 170 registrou a primeira transação de Bitcoin entre Hal Finney e Satoshi Nakamoto.

No ano seguinte, em novembro de 2010, o valor de mercado do Bitcoin, ou seja, a sua capitalização, excedeu US $ 1.000.000!

Este foi um momento muito crucial no desenvolvimento do Bitcoin, pois levou mais pessoas a se interessarem e investirem em Bitcoins.

O preço nesse momento era de US $ 0,50/ BTC.

No entanto, em junho de 2011, o Bitcoin experimentou a chamada "Grande Bolha de 2011", depois de atingir uma alta histórica de US $ 31,91/BTC.

Apenas 4 dias após atingir seu preço mais alto, a taxa de câmbio caiu para apenas US $ 10/BTC.

Muitos investidores entraram em pânico por perder tanto dinheiro e venderam com prejuízo.

Levou quase dois anos para o seu valor se recuperar e superar a alta histórica de todos os tempos.

Aqueles que mantiveram os seus Bitcoins tomaram a decisão certa, pois o preço continuou subindo e superando as expectativas de todos.

O que é realmente interessante sobre o Bitcoin é que, embora todas as transações sejam públicas e nada oculto a ninguém, ninguém sabe realmente nada sobre Satoshi Nakamoto.

Muitos especularam que ele não é apenas uma pessoa, mas um pseudônimo coletivo para um grupo de desenvolvedores de Criptomoeda.

Alguns se apresentaram alegando ser Satoshi, mas até o momento, a sua verdadeira identidade permanece em segredo.

Dee Hock - Fundador da Visa.

"Nós vivemos no século XXI mas ainda estamos usando estruturas organizacionais do século 16. O Bitcoin é um dos melhores exemplos de como uma organização descentralizada, ponto-a-ponto, pode resolver problemas que essas organizações antigas não podem."

Por que Existem Criptomoedas?

Muitas pessoas começaram a pensar que as Criptomoedas, em particular o Bitcoin, estão à beira de substituir as nossas moedas nacionais, como o real, o dólar americano, a libra esterlina, o euro, o dólar canadense e muito mais.

Isso ocorre porque as Criptomoedas começaram a se tornar alternativas muito viáveis à moeda tradicional.

As Criptomoedas existem para lidar com as fraquezas das moedas tradicionais, que são, obviamente, apoiadas por bancos centrais e governos.

Isso torna as moedas tradicionais propensas a corrupção e manipulação, entre uma série de outras questões.

Ao contrário das moedas tradicionais, não existe um órgão governamental que apoie o Bitcoin e outras Criptomoedas, o que significa que elas não estão sujeitas aos caprichos de ninguém.

O Bitcoin é completamente descentralizado, de código aberto e transparente.

Isso significa que você pode ver todas as transações que já foram feitas na rede e pode verificar e revisar os dados da blockchain para verificar a autenticidade de cada transação.

O Bitcoin é executado em algoritmos matemáticos altamente complexos para regular a criação de novos bitcoins e garantir que nenhum gasto duplo ocorra na rede (lembre-se, este era o calcanhar de Aquiles de moedas virtuais que falharam antes do Bitcoin).

O código Bitcoin é tão seguro e avançado que é praticamente impossível enganar o sistema.

Se você está a pensar que se pode criar um número ilimitado de bitcoins, está enganado.

Um dos principais problemas da moeda tradicional é que elas não são limitadas em número.

Isso significa que governos e bancos centrais podem imprimir mais dinheiro sempre que acharem conveniente.

Quando mais dinheiro é impresso e entra na economia, isso reduz o poder de compra do nosso papel-moeda, o que significa que precisamos gastar mais com um item em que antes costumávamos gastar apenas alguns dólares ou euros. Não importa a moeda, isso é chamado de **inflação**.

Bitcoin, por outro lado, é uma história diferente.

O Protocolo Bitcoin afirma que apenas 21.000.000 de Bitcoins podem ser minerados e criados, o que significa que o Bitcoin é, de fato, um recurso escasso.

Além disso, como as moedas nacionais, os Bitcoins são divisíveis, como centavos por dólar, como já referi anteriormente.

A menor unidade de Bitcoin é chamada Satoshi e é 1/100.000.000 de um Bitcoin.

Isso significa que você pode investir alguns em milhares de Satoshis por de cada vez até finalmente obter um Bitcoin inteiro.

Exatamente como no exemplo que eu dei anteriormente.

É claro que, se você seguir por esse caminho, poderá levar algum tempo para chegar a 1 BTC, mas se o preço continuar subindo rapidamente, a compra de alguns Satoshis regularmente poderá render a longo prazo.

Esta é uma das estrategias de investimento que eu sigo.

Mas sobre isso adiante.

Outra razão pela qual as Criptomoedas estão a ganhar popularidade é que elas são altamente portáteis, o que significa que pode levá-las com você para onde quer que vá.

Você pode fazer o mesmo com dinheiro físico e com ouro.

No entanto, para transportar grandes quantidades desses dois ativos, vai refletir-se em uma carga pesada em sua carteira ou bolsa.

Tente colocar um milhão de dólares em uma mala ou carregar um saco de ouro!

Certamente não é tão leve quanto parece nos filmes.

Nas Criptomoedas, você tem diferentes opções de carteira, todas altamente portáteis, para que você possa efetuar pagamentos facilmente quando e onde quiser.

Bitcoins não estão sujeitos a regulamentos bancários e governamentais.

Isso significa que você não precisa pagar as pesadas taxas bancárias em que incorre sempre que envia pagamentos a outras pessoas.

Você também não precisa esperar várias horas ou talvez alguns dias para que seus pagamentos sejam cancelados ou lançados, pois os pagamentos em Bitcoin são feitos quase instantaneamente (geralmente em 2 a 15 minutos).

Como o Bitcoin Funciona

Nesta secção, faremos o possível para explicar o processo Bitcoin da maneira mais simples possível, sem entrar em muito jargão técnico.

A primeira coisa que você precisa fazer é conseguir alguns Bitcoins.

Você pode explorar isso sozinho, receber alguns como pagamento por bens ou serviços ou comprar em uma bolsa (exchange) de Bitcoin como Coinbase, Binance ou Kraken.

Existem carteiras diferentes para você guardar os seus novos Bitcoins.

Você pode usar uma carteira de desktop, carteira de aplicativo móvel, carteira de papel, carteira de hardware ou carteira online.

Existem prós e contras em cada tipo de carteira.

No entanto, a maioria dos especialistas concorda que as carteiras online, especificamente as de sites de troca, não são tão seguras porque suas chaves públicas e privadas são salvas online.

Isso torna a sua carteira altamente vulnerável a hackers.

No meu caso, eu uso uma carteira adequada. Também iremos falar mais tarde sobre as diferentes carteiras.

No entanto, deixo uma percentagem de bitcoin na Coinbase, que funciona como minha "carteira" online.

Eu faço isso porque sou adepto de fazer *trading*, compra e venda ativa.

Seja nos pares dólar/btc, euro/btc ou btc/altcoins.

Se fizer trading de moeda FIAT, seja dólar ou euro com btc, o meu objetivo nesse caso é aumentar a minha quantidade de moeda Fiat.

Se fizer trading no par BTC/altcoin, o meu objetivo é aumentar a minha quantidade de bitcoin.

Quando você selecionar a carteira mais adequada para suas necessidades, poderá começar a fazer transações de Bitcoin.

Para enviar Bitcoin para outro usuário, basta obter o endereço de e-mail ou o endereço de Bitcoin, inserir o valor que deseja enviar, escrever uma nota rápida para informar qual é o pagamento (isso é opcional) e clicar no botão Enviar!

Como alternativa, se você tiver o QR code da carteira de Bitcoin, basta digitalizá-lo e clicar em Enviar.

A transação aparecerá na conta da outra pessoa em um curto período de tempo, geralmente entre 2 e 15 minutos.

O motivo dessa "espera" é explicado mais detalhadamente na próxima seção.

E é isso!

As transações de Bitcoin são rápidas, seguras, baratas e a alternativa perfeita a pagar com cartões de crédito e débito emitidos por bancos e até mesmo pagar em dinheiro.

"Crypto é dinheiro 2.0, um enorme, enorme negócio"
- Mohsin Jameel

A Tecnologia por Trás do Bitcoin

Na superfície ou à primeira vista, as transações de Bitcoin parecem ser rápidas e fáceis, e realmente são.

No entanto, nos bastidores, a tecnologia que faz com que a rede Bitcoin funcione perfeitamente é um registo enorme conhecido como blockchain.

É enorme porque contém um registro de todas as transações de bitcoin que já ocorreram desde o lançamento do Bitcoin em 2009.

À medida que o tempo passa e mais transações ocorrem, o tamanho da blockchain continuará a crescer.

Então, aqui está como o blockchain funciona:

Quando você envia um pagamento, sua carteira ou aplicativo envia uma solicitação para toda a rede Bitcoin, composta por computadores, ou blocos.

Esses blocos validam sua transação usando algoritmos conhecidos.

Depois que sua transação é verificada e confirmada, ela é combinada com outras transações para criar um novo bloco de dados para a blockchain.

Este novo bloco é então adicionado ao final do blockchain.

Quando isso acontece, a transação fica completa e agora é permanente.

Todo esse processo leva de 2 a 15 minutos do início ao fim (é por isso que as transações de Bitcoin não acontecem instantâneamente).

Depois que a transação é finalizada, ninguém pode desfazer ou excluir a transação.

A pessoa para quem você enviou o pagamento em bitcoin (o destinatário) agora verá o seu pagamento na carteira dele.

Então, quem verifica e confirma as transações se não houver um órgão central que gerencie a rede?

A resposta são os mineradores.

Os mineradores são literalmente a força vital de toda a rede Bitcoin.

Algumas pessoas até já compararam os mineradores a hamsters correndo em uma roda que mantêm toda a rede Bitcoin em funcionamento!

E isso é verdade.

Os mineradores desempenham um papel tão grande no sucesso do Bitcoin que eles realmente merecem ser recompensados em preciosos bitcoins.

Sem eles, nenhum novo bloco seria criado e adicionado ao blockchain.

Se nada for adicionado ao blockchain, nenhuma transação será finalizada.

Isso significa que nenhum pagamento de bitcoins é enviado e recebido por ninguém na rede.

Nenhum novo Bitcoin será criado.

Como os mineradores são indispensáveis à rede Bitcoin, eles são compensados por seu trabalho árduo em termos de Bitcoins (não faria sentido recompensá-los em papel-moeda tradicional).

Eles são quase como funcionários da rede.

Como há apenas um número limitado de Bitcoins (21 milhões), o número de Bitcoins com os quais os mineradores são pagos continuará a diminuir até que todos os Bitcoins estejam esgotados por volta de 2140.

Agora que você sabe o que é o Bitcoin e a Criptomoeda, vamos para o próximo capitulo, onde você aprenderá como o valor do Bitcoin é determinado.

O Valor do Bitcoin - Como é Determinado o Valor do Bitcoin

O Bitcoin tem recebido uma quantidade enorme de atenção recentemente.

É uma das muitas moedas digitais existentes nos dias de hoje que age e funciona como dinheiro comum, mas existe inteiramente em forma eletrónica, assim como os dados dentro dos computadores.

E isso pode ser meio confuso, porque se não houver um Bitcoin físico real:

- Como ele pode ter valor?
- Como você pode usar a moeda digital no mundo físico?

Bem, na verdade, a questão de como o Bitcoin tem algum valor não está tão distante da questão de como a maior parte do dinheiro do mundo real tem valor.

Primeiro, o Bitcoin não tem um valor intrínseco real, o que significa que ele tem pouco ou nenhum uso fora do seu contexto econômico.

Mas o mesmo pode ser dito para a maioria das moedas do mundo real: o dinheiro só tem valor porque o governo que o emite assim o diz.

Isso é chamado de "moeda fiduciária", porque o seu valor não está vinculado a nenhuma mercadoria física e depende do apoio de um governo.

Mas, diferentemente da moeda fiduciária, o Bitcoin não possui uma autoridade emissora que lhe dê valor.

O Bitcoin é uma moeda descentralizada, o que significa que não há um órgão regulador que regule sua produção e as suas transações.

Ele não responde a nenhum governo ou organização, portanto, não há realmente uma razão para que ele tenha valor.

Mas ele tem - e muito - e tudo pode ser resumido em utilidade, escassez, oferta e demanda.

"Nós escolhemos colocar nosso dinheiro e fé num framework matemático que é livre de política e de erro humano" - Tyler Winklevoss

O Valor do Bitcoin Está em sua Utilidade

Antes de discutirmos a utilidade do Bitcoin, primeiro você deve entender o básico de como ele funciona.

Você está conectado à comunidade de usuários de Bitcoin por meio de uma rede de computadores, e os livros que o Bitcoin usa são chamados de blockchain. As transações são compiladas em blocos, que por sua vez são conectados de maneira semelhante a uma cadeia, daí o nome.

Os responsáveis pela contabilidade são chamados de mineradores, porque o que eles estão a fazer, basicamente, parece muito com os garimpeiros que trabalham duro para encontrar ouro. Eles estão a trabalhar pela recompensa na forma de Bitcoins, que, como o ouro, são limitados no suprimento.

Então agora você sabe como o Bitcoin funciona.

O que isso tem a ver com seu valor?

Tudo, na verdade.

O valor do Bitcoin está em sua utilidade, sua descentralização, segurança e facilidade de transação.

Primeiro, vamos analisar o sistema descentralizado do Bitcoin.

O Bitcoin foi projetado para que não haja necessidade de nenhuma autoridade governante a controlá-lo.

Opera através de uma rede ponto a ponto (peer to peer) onde todas as transações são registradas no Blockchain.

No nível mais básico, isso significaria que não está vinculado a nenhum estado e, portanto, é a única moeda verdadeiramente sem fronteiras.

O que isso significa é que você pode realizar transações com pessoas de diferentes países facilmente, porque estão a usar a mesma moeda.

Em um nível mais profundo e muito mais complicado, a descentralização do sistema Bitcoin cria a possibilidade de transformar o setor financeiro.

O setor financeiro oferece várias maneiras de simplificar transações para facilitar a conveniência.

Existem cartões de crédito e débito, sistemas de transferência de dinheiro, transferências eletrônicas bancárias, etc.

Mas todos esses sistemas precisam ter um intermediário para funcionar, eles precisam de uma empresa ou autoridade para facilitar a troca.

E sempre que faz uma transação o que está a fazer é depositar a sua confiança no intermediário. Daí então, eles receberão seu dinheiro.

Há também a questão das taxas de transação, que não são muitas, se consideradas por transação, mas que podem se acumular facilmente com o tempo.

O que o Bitcoin faz é eliminar a necessidade desses intermediários.

Como mencionado acima, todas as transações na rede Bitcoin são registradas no blockchain pelos mineradores.

Embora a rede blockchain e os mineradores tenham a aparência de um corpo governante, no sentido de manter o controlo de todos os Bitcoins existentes, ela ainda é de domínio público e, portanto, não pode ser monopolizada.

Isso significa que nenhuma pessoa ou grupo de pessoas detém a rede, o que, por sua vez, significa que os Bitcoins podem permanecer totalmente transparentes e neutros em suas transações.

Mas, se não houver um órgão oficial a atuar como regulador, em quem você pode confiar para garantir que as transações sejam realizadas?

A resposta é...ninguém.

Isso parece ruim, mas é realmente uma coisa boa.

O sistema Bitcoin foi projetado para operar sem a necessidade de confiança.

Entenda: não é simplesmente uma moeda digital, é uma *Criptomoeda*, o que significa que é fortemente baseada em técnicas de criptografia para mantê-la segura.

Em vez de operar com base na confiança do cliente, o Bitcoin opera usando matemática testada e comprovada (falaremos sobre isso mais tarde).

Dessa forma, enganar a rede é impossível devido ao seu ambiente público.

Não apenas isso, mas o sistema é criptografado para que tentativas de cometer fraudes exigissem uma quantidade *extremamente grande* de poder de computação.

O que não é muito viável com o estado da tecnologia atual.

O mais viável seria usar esse poder computacional para extrair mais Bitcoins, atráves da mineração, o que desencoraja qualquer tentativa de fraude informática.

O sistema de segurança, além de garantir a confiabilidade das transações do Bitcoin, também garante que a identidade dos usuários do Bitcoin possa ser protegida.

Diferente dos cartões de crédito, o número da sua conta não tem valor nas suas transações, que são verificadas usando uma chave pública e privada.

Funciona assim:

Você coloca uma assinatura digital em suas transações usando sua chave privada, que pode ser verificada pelos usuários da rede usando sua chave pública.

As chaves são criptografadas para que a chave pública só funcione se você tiver usado a chave privada correta em primeiro lugar.

Isso significa que:

1. Sua identidade não pode ser roubada por criminosos para fazer transações fraudulentas em seu nome.

2. Você pode optar por permanecer completamente anônimo na rede Bitcoin, o que pode ser útil para alguns.

Por fim, os Bitcoins têm a possibilidade de oferecer facilidade e conveniência que supera os métodos de pagamento tradicionais que temos atualmente.

De acordo com o site Bitcoin.com, o uso de Bitcoins permite que você "envie e receba bitcoins em qualquer lugar do mundo a qualquer momento.

Sem se preocupar com feriados, Sem Fronteiras, Sem burocracia.

O Bitcoin permite que seus usuários estejam no controlo total do seu dinheiro. "

"O fato de que dentro do Bitcoin um algoritmo substitui funções governamentais é na realidade muito legal. Sou um grande fã" - Al Gore

Bitcoins são Incrivelmente Escassos

A moeda fiduciária possui um suprimento tecnicamente ilimitado, no sentido de que os governos podem produzir dinheiro quando quiserem.

Obviamente, eles não fazem isso porque isso leva à inflação. Portanto, a produção e a liberação de dinheiro são controladas pelo governo com base em pesquisas intensivas sobre tendências e necessidades do mercado.

O Bitcoin, como você deve ter adivinhado, não funciona da mesma maneira.

Como o Bitcoin é descentralizado, não há autoridade que decida quando criar novos bitcoins.

O sistema foi projetado para que novos bitcoins possam ser criados apenas como parte de um sistema de recompensa para os mineradores.

E a recompensa é bem merecida. A espinha dorsal do sistema Bitcoin é a criptografia, ou a arte de escrever e resolver códigos que exige uma quantidade considerável de trabalho e poder computacional para fazer essa resolução.

Para atualizar o blockchain, mineradores de todo o mundo precisam correr para resolver um problema de matemática específico chamado SHA-256, que significa Secure Hash Algorithm 256 bit.

É basicamente um problema de matemática em que você recebe uma saída e deve encontrar a entrada, como resolver o valor de x dado que x + y = 2.

A única maneira de resolver esse tipo de problema é através de suposições e, para resolver o SHA-256, você teria que passar por uma quantidade insana de possíveis soluções antes de encontrar a resposta, para a qual você precisaria de um recurso computacional extremamente poderoso (para não mencionar extremamente caro).

Os mineradores investem muito dinheiro nesses supercomputadores (assim como a enorme quantidade de eletricidade necessária para operar) tudo para extrair novos Bitcoins.

Em um artigo para a Forbes, Jason Bloomberg, escreve que o valor do Bitcoin é representativo desse esforço, porque os bitcoins de mineração exigem muito trabalho, e eles se tornam mais valiosos.

Então, o primeiro ponto de sua escassez é que os bitcoins são difíceis de obter.

Você precisa de um investimento considerável apenas para poder criar novos bitcoins.

Mas eles ainda são mais escassos devido ao fato de que só pode existir um certo número de bitcoins, que são 21 milhões. (Se você está se perguntando por que 21 milhões, é basicamente porque é isso que está escrito no código-fonte)

O limite para a produção de Bitcoin existe para garantir que o Bitcoin não esteja sempre hiper inflacionado.

Ele foi projetado para ser produzido de forma constante. O sistema de recompensa passa a metade a cada 210.000 blocos adicionados à cadeia (ou seja, a cada quatro anos), com os problemas do SHA-256 variando em dificuldade, dependendo da quantidade de mineiros. Mais mineiros significam mais problemas para garantir que não sejam produzidos muitos Bitcoins de uma só vez.

Projetando a partir dessa tendência, estima-se que o último bitcoin seja minerado por volta do ano 2140.

Para colocar as coisas em outra perspectiva, so faltavam minerar cerca de 4 milhões de bitcoins no momento da redação deste livro.

Esse número cada vez menor de bitcoins pode ser extraído com o passar do tempo, aumentando o interesse das pessoas na moeda, porque a raridade é desejável e altamente comercializável.

Isso aumenta o valor do Bitcoin, porque opera usando uma rede. Quanto maior a rede, maior é o uso que você pode obter do Bitcoin.

Oferta e Demanda afetam Diretamente o Valor do Bitcoin

O valor de mercado do Bitcoin, ou seja, o dinheiro que as pessoas estão dispostas a pagar por ele, segue a mesma velha regra básica de demanda e oferta, uma alta demanda aumenta o seu preço e uma baixa demanda o diminui.

Antes de prosseguirmos, lembre-se de que o valor de algo não é o mesmo que o seu preço. Valor é o que as pessoas entendem que um produto vale, enquanto preço é o que pagam por ele.

Mesmo assim, valor e preço andam de mãos dadas, já que o preço de algo está diretamente relacionado ao seu valor e vice-versa.

De acordo com um artigo do Jornal Economist, a tendência crescente no preço do Bitcoin é o que leva as pessoas a investir nele.

As pessoas estão investindo porque acreditam que, seguindo a tendência até agora, poderiam vender seus Bitcoins por um preço muito mais alto no futuro, o que o artigo argumenta ser um exemplo perfeito da "teoria do mais tolo".

Basicamente, a teoria do mais tolo afirma que o preço de um produto é determinado, não pelo seu valor intrínseco, mas pelas crenças e expectativas que os consumidores colocam no produto.

Sob essa perspectiva, o aumento do preço do Bitcoin serve, não para aumentar seu valor real, mas para torná-lo irrelevante.

O mercado está aumentando o preço do Bitcoin por causa da crescente crença de que valerá mais no futuro, não porque eles acham que seu valor está aumentando ao longo do tempo.

No entanto, algumas pessoas argumentam que o aumento nos preços do Bitcoin que aconteceram no passado não é indicativo de que se trata de uma bolha.

No próprio site Bitcoin.com, argumenta-se que não é uma bolha, citando que as bolhas são artificialmente supervalorizações de um produto que tende a se corrigir eventualmente.

Ele cita seu mercado relativamente pequeno e jovem como a razão da volatilidade dos preços do Bitcoin, que "escolhas baseadas na ação humana individual de centenas de milhares de participantes do mercado é a causa da flutuação do preço do Bitcoin à medida que o mercado busca a descoberta de preços".

Ele argumenta que a volatilidade dos preços do Bitcoin se deve a muitas forças, como:

- Perda de confiança no Bitcoin
- Uma grande diferença entre valor e preço, não baseada nos fundamentos da economia Bitcoin
- Maior cobertura da imprensa estimulando a demanda especulativa
- Medo e incerteza
- E aquela velha ganância irracional e antiquada

Como tal, o Bitcoin.com está argumentando que seus preços crescentes podem ser atribuídos a cada vez mais pessoas que acham o produto cada vez mais valioso com base em sua utilidade, validando o seu valor.

Então, em resumo:

A utilidade e a escassez do Bitcoin dão valor, mas os seus preços parecem enviar sinais opostos sobre se é realmente valioso ou não.

Como cada vez mais pessoas começam a mostrar interesse pelo Bitcoin, talvez estejamos apenas arranhando a superfície do que pode ser o seu verdadeiro valor.

Muitas personalidades de relevo mundial têm feito várias previsões sobre o preço do Bitcoin no futuro, e algumas dessas personalidades argumentam que o Bitcoin é apenas um "bébé", e que o seu preço esta longe de atingir o seu maximo.

Tudo isto, leva-nos a prever um futuro brilhante e um aumento de preço enorme, se as previsões dessas pessoas se realizarem.

Técnicas Diferentes para Adquirir Bitcoins

Existem muitas técnicas diferentes para adquirir bitcoins e, neste livro, mostraremos os métodos mais populares para obter algumas unidades da criptomoeda mais popular do mundo.

Comprar Bitcoins

Comprar bitcoins é um processo muito simples e direto.

Você pode simplesmente acessar um site de troca (exchanche) de bitcoin como Coinbase ou Kraken e trocar dólares americanos, libras esterlinas, euros, dólares canadenses e outras moedas suportadas (isso dependerá da plataforma) por bitcoins, ou por percentagem de bitcoin, como já referimos antes...

No fim deste livro vai encontrar varios links para acessar todas as ferramentas e sites recomendados ao longo do livro.

Claro, com o valor cada vez maior do Bitcoin, isso é mais fácil dizer do que fazer.

No momento, você pode esperar desembolsar mais de US $ 10.000 por um único bitcoin!

A boa notícia é que você não precisa comprar um bitcoin inteiro.

Cada bitcoin pode ser dividido em 100 milhões de unidades chamadas Satoshis (em homenagem ao fundador do Bitcoin, Satoshi Nakamoto).

Isso significa que você pode comprar alguns milhares de satoshis por alguns dólares, ou euros ou mesmo reais, dependendo da plataforma onde compre e das moedas que aceitem.

Embora isso não o torne rico, você pode pelo menos ter uma ideia de como funcionam os bitcoins e a criptomoeda.

Aqui estão alguns dos melhores lugares onde você pode comprar bitcoins:

Trocar moeda Fiat por Criptomoedas

Existem muitas plataformas nas quais você pode comprar e vender criptomoedas.

As mais populares que existem há alguns anos são Coinbase, Kraken, Gemini, Coinmama, Binance e CEX.io.

Você precisará fazer algumas pesquisas no entanto. Se está disponível em seu estado ou país e quais moedas e métodos de pagamento eles aceitam, pois, cada plataforma tem as suas próprias regras e regulamentos.

Eu pessoalmente uso a Coinbase para comprar os meus bitcoin.

É uma plataforma muito antiga e com grande nome no mercado, além de que o seu CEO é alguem com muita reputação empresarial.

As taxas de transação envolvidas também variam em cada plataforma, então definitivamente precisará procurar para encontrar a que melhor atenda às suas necessidades.

Trocar dinheiro por bitcoin sem usar plataformas online

Se deseja evitar plataformas de troca de bitcoin online e prefere pagar diretamente com dinheiro (ou outro método de pagamento popular em sua região), pode usar um site como LocalBitcoin ou Wall of Coins.

Essas plataformas permitem negociar diretamente com outra pessoa.

Não há taxas de transação envolvidas.

No entanto, eles podem cobrar uma taxa por negociações bem-sucedidas.

Sugerimos que você procure uma plataforma que ofereça um serviço de garantia para garantir que o vendedor não fica com o seu precioso dinheiro!

"Transações instantâneas, sem estornos (comerciantes vão gostar disso), sem contas congeladas (vide Paypal), sem taxas para transferências internacionais, sem taxas de nenhuma espécie, sem saldo mínimo, sem saldo máximo, acesso mundial, sempre aberto, sem ter que esperar por horário comercial para fazer transações, sem ter que esperar que sua conta seja aberta para fazer transações, abrir uma conta em poucos segundos, tão fácil quanto um email, sem necessidade de conta bancária, pessoas extremamente pobres podem usar, pessoas extremamente ricas podem usar, sem processo de impressão, sem inflação, sem resgates bancários, completamente voluntário. Isso parece o melhor sistema de pagamentos do mundo!"

Trace Mayer, J.D. - Especialista monetário em Ouro e Bitcoin.

Como trocar suas Outras Criptomoedas por Bitcoins

Se possui uma carteira digital cheia de outras criptomoedas, pode trocá-las facilmente por bitcoins.

Você pode acessar sites como o ShapeShift.io, que permite trocar rapidamente sua criptomoeda que não é bitcoin por bitcoins.

Você nem precisa de uma conta para fazer uma troca.

Basta digitar o valor que deseja converter ou negociar, seu endereço de Bitcoin e seu endereço de reembolso de criptomoeda.

É isso aí!

Você terá seus novos bitcoins em alguns minutos.

Seja Pago com Bitcoins

Ser pago com bitcoins não é um processo complicado.

Você só precisa ter sua própria carteira de bitcoin para poder começar a receber pagamentos.

Para iniciantes, você pode criar uma carteira online gratuita no Blockchain.info ou Coinbase como já referi anteriormente.

Tudo o que precisa é de um endereço de e-mail válido para se inscrever e começar a receber pagamentos!

Depois que sua carteira estiver configurada, você poderá gerar um QR code ou usar o endereço alfanumérico longo (o endereço da sua carteira) e enviá-lo para a pessoa da qual deseja receber bitcoins.

Aqui estão algumas ideias sobre como você pode ser pago com bitcoins:

Trabalhar em Troca de Bitcoins

Existem muitos tipos diferentes de trabalho que você pode fazer para ser pago em bitcoin.

Não importa se você trabalha online ou off-line, pois efetuar e receber pagamentos de bitcoin é tão simples que você realmente não precisa de conhecimento técnico para fazê-lo.

Os empreendedores a solo acham esse método de pagamento muito mais conveniente, pois não precisam esperar de 24 a 48 horas (ou mais para trabalhadores internacionais) para receber transferências bancárias de seus clientes.

Eles podem receber seu pagamento ou salário em apenas alguns minutos.

É um grande alívio para os trabalhadores saberem que não precisam ficar esperando, sem saber se serão pagos por seu trabalho duro ou não.

Empregadores ou clientes também gostam da ideia de não pagar essas taxas bancárias exorbitantes por fazer transferências, especialmente para trabalhadores ou freelancers no exterior.

Com pagamentos em bitcoin, eles economizam bastante dinheiro apenas em taxas bancárias!

Vender Produtos ou Serviços

Tenha uma loja online ou uma loja física, pode optar por receber pagamentos em bitcoin.

Com uma crescente comunidade de usuários de Bitcoin, você deve obter novos clientes que farão negócios com você simplesmente porque tem uma visão de futuro o suficientemente grande para aceitar pagamentos em Bitcoin.

O benefício adicional para os clientes é que eles podem facilmente enviar pagamentos diretamente de suas carteiras de Bitcoin enquanto você recebe seus pagamentos quase que instantâneamente.

É realmente uma situação em que todos saem a ganhar, tanto você como os seus clientes!

Para lojas online, pode usar plugins ou scripts para começar a aceitar pagamentos em bitcoins no seu site.

Se você não tiver certeza de como fazer isso, é melhor contratar um desenvolvedor para garantir que esteja a configurar corretamente (você não deseja que esses pagamentos de bitcoins sejam levados para outro lugar!).

Quando seus clientes acessam sua página de check-out, eles irão ver a opção Bitcoin e selecionar se desejam pagar usando bitcoins.

Para lojas locais, como hotéis, restaurantes, bares, cafés, floriculturas, compras, etc., se deseja receber pagamentos com bitcoins pessoalmente, basta imprimir o

QR code da sua carteira e fixá-lo próximo à sua caixa registradora.

Quando os seus clientes estiverem prontos para pagar, basta direcioná-los para o QR code, digitalizá-los com os seus celulares, inserir o valor necessário, pressionar Enviar e aguardar a chegada dos seus bitcoins.

Ah, e não se esqueça de adicionar uma placa gigante **'Aceitamos Bitcoins'** na entrada para convidar a comunidade de Bitcoin a entrar!

Para atrair ainda mais usuários de bitcoins, adicione a sua empresa ao Coinmap e outros sites similares onde a comunidade de Bitcoin se encontra e pesquisa lugares onde eles podem gastar os seus bitcoins!

Receba Donativos de Clientes

Você não precisa estar no setor de serviços para receber dinheiro. Se você tem um blog, pode configurar um gateway de pagamento de bitcoins onde seus fãs e leitores fiéis podem dar um donativo, se assim o desejarem.

Não subestime a generosidade do seu público, especialmente se você produzir conteúdo que ofereça muito valor a eles. Experimente - você pode se surpreender ao ver alguns bitcoins em sua carteira depois de alguns dias!

Realize pequenas tarefas em sites

Atualmente, existem muitos sites na Internet que oferecem bitcoins gratuitos (geralmente apenas uma fração muito pequena) para todas as tarefas que você concluir.

Alguns sites exigem que complete pesquisas, assista a vídeos, clique em anúncios, responda a perguntas, inscreva-se em ofertas de avaliação, faça o download de aplicativos para dispositivos móveis, jogue jogos online, indique amigos, faça compras online e muito mais.

O pagamento é geralmente rápido e fácil.

Algumas plataformas exigem apenas o seu endereço de carteira Bitcoin, enquanto outras exigem que você se inscreva e crie uma conta.

Embora seja verdade que esses trabalhos sejam pequenos e possam ser realizados em alguns minutos, ganhar apenas algumas centenas ou milhares de Satoshis por vez pode não valer a pena, especialmente se você valorizar o seu tempo.

Mas se você não tem nada melhor para fazer e deseja experimentar em primeira mão as alegrias de possuir uma criptomoeda, há vários sites de micro tarefas para escolher.

Junte-se às Faucets\torneiras Bitcoin

As torneiras Bitcoin são apenas sites que oferecem Satoshis gratuitos em intervalos de tempo definidos.

Esses sites atraem uma enorme quantidade de tráfego de pessoas que desejam obter bitcoins gratuitos, portanto, espere muita concorrência e, dependendo de onde a torneira está hospedada, isso diminui o tempo de carregamento.

Algumas torneiras distribuem os Satoshis sem nenhum trabalho envolvido, ou seja, você só precisa ter o site aberto no navegador, enquanto outras exigem que você resolva pequenas tarefas antes de ganhar os seus Satoshis (assim como os sites de micro-tarefas que discutimos na seção anterior).

Sites como esses são um grande consumidor de tempo, portanto, depende de você se quer trocar o seu precioso tempo por alguns Satoshis.

Minere o seu próprio Bitcoin

Os mineradores de Bitcoin desempenham um papel extremamente importante na rede Bitcoin.

Sem mineradores, não haveria novos bitcoins e nenhuma transação seria confirmada.

Os mineradores de Bitcoin são tão importantes para o ecossistema Bitcoin que são justamente recompensados com bitcoins por seu trabalho duro.

No entanto, a mineração de bitcoins não é tão lucrativa quanto parece.

Quando o Bitcoin ainda estava começando, os mineradores recebiam 50 bitcoins por cada bloco extraído.

Mas a cada 210.000 blocos (cerca de 4 anos), a recompensa é reduzida pela metade.

Portanto, isso significa que os 50 bitcoins iniciais foram divididos pela metade em 25 bitcoins.

E agora, neste momento específico, a recompensa do bloco caiu para 12,5 bitcoins.

Se você considerar o preço de um bitcoin agora (mais de US $ 10.000), essa ainda é uma recompensa muito atraente.

E os especialistas prevêem que o preço continuará a subir à medida que o número de bitcoins existentes também começa a aumentar mais lentamente, e a demanda por mais bitcoins continua aumentar pois o bitcoin começa a ser mais.

Minerar bitcoins não é uma tarefa fácil, como qualquer outro trabalho de mineração física no mundo real.

Os mineradores de Bitcoin podem não se sujar de fuligem e lama, mas o seus computadores poderosos sacrificam-se e muito.

A dificuldade na mineração de novos blocos aumentou tanto que os mineradores individuais estão achando extremamente difícil resolver funções criptográficas complexas por conta própria.

Muitos mineradores ou grupos de mineração diferentes competem para descobrir um novo bloco e a dificuldade de mineração está em níveis extremamente altos agora.

A maioria, se não todos os mineradores são forçados a trabalhar em pools de mineração, onde vários mineradores trabalham juntos como um grupo para adicionar novas transações ao blockchain.

Quando um novo bloco é extraído, a recompensa é dividida de acordo com o trabalho que cada computador de um mineiro realizou.

Minerar bitcoins não sai barato.

Você não pode usar qualquer computador, pois a resolução de funções criptográficas ocupará muito do poder de processamento do seu computador.

Nem mesmo um laptop ou computador de mesa de última geração pode fazer o trabalho, é realmente difícil minerar novos blocos de bitcoins hoje em dia!

Mesmo se você ingressar em pools de mineração, precisará investir muito dinheiro para comprar o hardware certo.

No começo, uma poderosa CPU (Unidade de processamento de computador) e GPU (Unidade de processamento gráfico) eram suficientes para extrair novos blocos.

No entanto, como a dificuldade de mineração de bitcoins aumentou, foi necessário mais poder de processamento.

Hoje, um chip ASIC (Circuito Integrado Específico de Aplicação) é visto como a única maneira de obter sucesso na mineração.

Um chip ASIC de mineração de bitcoin é projetado especificamente para minerar bitcoins.

Não pode realizar nenhuma outra tarefa além da mineração de bitcoins.

Embora isso possa ser visto como uma desvantagem para alguns, lembre-se de que a mineração é um trabalho árduo.

Você precisa de todos os recursos que pode usar para encontrar o próximo bloco de transações, para adicioná-lo ao blockchain e obter a recompensa em bitcoins no processo.

Os mineiros (mineradores) profissionais consideram esse hardware muito mais poderoso do que outras tecnologias usadas no passado.

Além disso, gastam tanta energia quanto outros hardwares por aí.

No entanto, ele ainda consumirá muita energia, portanto, considere isso se estiver preocupado com a sua conta de energia elétrica.

Se você está preparado para adquirir a tecnologia necessária para minerar bitcoins e também pagar contas de energia mais caras, a mineração de bitcoins será uma ótima maneira de adquirir essa criptomoeda específica.

No entanto, gostaríamos de dizer que este não é um trabalho para os iniciantes.

É melhor deixar essa tarefa para os especialistas ou aqueles com um conhecimento profundo de como funciona a mineração de bitcoins.

Como mostramos neste livro, existem várias maneiras de adquirir bitcoins que não requerem um investimento avultado de tempo e dinheiro.

Mais a frente neste livro iremos abordar também como usar o bitcoin como forma de investimento similar a investir no mercado de ações e como fazer trading para aumentar o seu portefólio.

No próximo capítulo, entraremos em mais detalhes sobre mineração de bitcoin e você verá por si mesmo se é algo em que deseja se envolver.

Mineração de Bitcoin - Tudo o que Você Precisa Saber

Neste capitulo, abordaremos tudo o que há para saber sobre a mineração de Bitcoin, para que possa descobrir se é algo que gostaria de fazer para obter o seu quinhão de bitcoins.

Atualmente, o Bitcoin está nas notícias, e seu preço atual é uma fonte de interesse para muitas pessoas ao redor do mundo.

Alguns anos atrás, muitas pessoas rotularam o Bitcoin como uma farsa, mas agora ele é visto, junto com outras criptomoedas, como o futuro do dinheiro.

As criptomoedas, como moedas virtuais ou digitais, não são encontradas em propriedades como o ouro, então precisam ser 'mineradas' eletronicamente.

Antes de entrarmos em detalhes, gostaríamos de definir primeiro os termos mais comuns usados na mineração de Bitcoin, para que você possa entender facilmente como esse processo altamente técnico funciona.

Termos de Mineração de Bitcoin que Deve Conhecer

Bloco: os dados relacionados às transações são armazenados em uma página conhecida como bloco.

Bitcoins Por Bloco: este é o número de bitcoins recompensados pelos mineradores por cada bloco extraído e adicionado ao blockchain.

A recompensa inicial por bloco foi de 50 bitcoins, mas a cada 210.000 blocos minerados, a recompensa é dividida por 2. Atualmente, a recompensa é de 6,25 bitcoins por bloco.

Dificuldade no Bitcoin: Com um número crescente de mineradores, a mineração de Bitcoin também aumenta a dificuldade.

O tempo médio ideal de mineração definido pela rede é de 10 minutos por bloco.

Taxa de Eletricidade: Para calcular quanto você está a ganhar, verifique a sua conta de luz.

Isso pode ajudá-lo a saber quanta eletricidade é consumida pelo seu computador de mineração em troca de seus ganhos de bitcoins.

Você está lucrando, continua na mesma ou perdendo dinheiro?

Essas são perguntas importantes que todos os mineiros precisam de fazer a si mesmos.

Hash: Na mineração de Bitcoin, um hash pode ser visto como um problema relacionado à matemática. A máquina de mineração precisa resolvê-la para ganhar recompensas.

Taxa de Hash: O tempo necessário para resolver esses problemas de hash é chamado de Taxa de Hash.

A taxa de hash aumenta com o número de mineradores na rede Bitcoin. MH/s (Mega hash por segundo), GH/s (Giga hash por segundo), TH/s (Tera hash por segundo) e PH/s (Peta hash por segundo) são algumas das unidades usadas na medição de taxas de hash.

Taxas de Pool: Os mineradores juntam-se a uma pool para mineração conhecida como 'pool de mineração'.

Como a mineração natural, os mineradores aqui trabalham juntos, pois os ajuda a resolver esses problemas complexos de hash mais rapidamente.

Você deve pagar taxas ao pool para que ele possa continuar as suas operações. Quando os bitcoins são finalmente extraídos, eles são distribuídos aos mineiros com relação às suas taxas de hash.

Consumo de Energia: Nem toda máquina de mineração consome a mesma quantidade de eletricidade. Portanto, antes de comprar uma máquina cara, verifique primeiro quanta energia ela consumirá.

Time Frame: É a duração que você precisa definir para ver quanto está minerando.

Por exemplo, você define um período de 45 dias.

Isso significa que, após 45 dias, você calculará quantos bitcoins minerou durante esse período.

Definir um período de tempo pode ajudá-lo a ver se está a produzir mais ou menos que os seus colegas mineiros.

Hardware de Mineração de Bitcoin mais usados por Mineradores

CPU (Unidade de Processamento do Computador):

No início, a mineração de bitcoins era incrivelmente fácil e poderia ser facilmente extraída em CPUs de desktop comuns.

No entanto, à medida que o número de mineradores aumentava, a mineração de bitcoin na CPU se tornava mais difícil e causava a falha dos discos rígidos do computador.

GPU (Unidade de Processamento Gráfico):

Com o aumento do número de mineradores na rede, o uso de GPUs começou a ganhar popularidade quando as pessoas perceberam que eram mais eficientes na mineração de bitcoin.

Algumas GPUs avançadas até permitiram que os mineradores aumentassem sua produtividade de mineração 50 a 100 vezes em comparação à mineração de CPU.

As pessoas também começaram a alterar as configurações da BIOS para maximizar suas recompensas.

Os cartões da Nvidia e da ATI alcançaram muita popularidade como resultado desse fenómeno.

FPGA (matriz de portas programável em campo):

FPGA é um circuito integrado criado com o objetivo de realizar mineração de bitcoins. A mineração de GPU estava se revelando não ser tão lucrativa para todos devido ao aumento dos custos de eletricidade.

O FPGA foi projetado para consumir menos energia e, assim, as mineradoras passaram de GPUs para FPGAs.

ASIC (Circuito Integrado de Aplicação Específica):

Com a chegada da tecnologia ASIC, o FPGA foi superado como o principal hardware usado na mineração de bitcoins.

O ASIC é um chip de computador usado exclusivamente para mineração de criptomoedas, como bitcoins ou outras moedas que usam o algoritmo SHA-256.

Diferente de outros hardwares de mineração, os ASICs não podem ser usados para executar outras tarefas além da mineração.

No momento, esse é o hardware que os mineradores juram ser padrão-ouro, já que esses chips poderosos resolvem mais problemas em menos tempo e consomem menos eletricidade também.

O Papel da Mineração na Criação de Novos Bitcoins

Você pode possuir bitcoins usando alguns métodos.

A maneira mais fácil é comprar alguns bitcoins em uma plataforma de troca de Bitcoin, ou exchange.

O outro método é não usar dinheiro e simplesmente minerar bitcoins usando hardware de computador.

É importante observar aqui que o objetivo principal e integral da mineração é a criação ou o lançamento de novos bitcoins que podem estar disponíveis na rede.

Atualmente, cerca de 16 milhões de bitcoins já foram extraídos dos possíveis 21 milhões de bitcoins que podem ser criados.

O que é o Blockchain?

Ao contrário das transações em moeda normal, que são confirmadas e regulamentadas pelos bancos, os dados transacionais das criptomoedas são transportas em um livro público conhecido como 'blockchain'.

Cada bloco pode ser definido como uma página que contém os dados das transações.

É por isso que é chamado de blockchain.

A mineração ajuda a confirmar essas transações em um blockchain.

Os mineradores também executam hash criptográfico em blocos. Um hash requer cálculos complexos.

Esses hashes são importantes porque tornam um bloco seguro.

Depois que um bloco for aceite na blockchain, ele não poderá ser alterado.

Os mineiros validam anonimamente essas transações.

Por sua ajuda, os mineradores são recompensados com bitcoins.

A "Prova de trabalho" é o termo cunhado para auxiliar os mineiros na validação das transações.

O que Exatamente é a Mineração de Bitcoin?

O termo "mineração" é frequentemente usado quando se fala de recursos naturais como ouro, prata e outros minerais.

Esses recursos são limitados na oferta e, portanto, são mercadorias muito valiosas, assim como o Bitcoin.

Da mesma forma, 'mineração' é o termo usado pelo fundador do Bitcoin, Satoshi Nakamoto, porque os mineradores estarão indo fundo na rede Bitcoin para extrair essas moedas preciosas.

Os mineradores de Bitcoin podem não ficar sujos nas mãos e nos joelhos para minerar bitcoins, mas com a crescente dificuldade de resolver funções complexas de hash criptográfico, eles também enfrentam dificuldades.

O processo de mineração de Bitcoin cria 2 resultados:

O primeiro é que protege e verifica as transações que estão acontecer na rede Bitcoin, e o segundo é que cria novos bitcoins.

A mineração de Bitcoin envolve o uso do algoritmo SHA-256.

SHA significa Algoritmo de hash seguro, que é um algoritmo computacional usado para a criptografia.

Como o Bitcoin é um tipo de moeda descentralizada, que significa que nenhum órgão ou autoridade central concede permissões aos mineradores, qualquer pessoa com acesso à eletricidade e uma máquina de mineração pode minerar bitcoins.

No entanto, essas máquinas de mineração são muito caras, pois precisam de chips de computador especializados para minerar bitcoins com eficiência, visto que essas complexas funções de hash que os mineradores precisam resolver se tornam mais complicadas ao longo do tempo.

No inicio, você poderia usar a CPU (unidade de processamento do computador) e a GPU (unidade de processamento gráfico) do computador para resolver problemas de hash, mas hoje os problemas são tão complicados que os mineradores estão montando plataformas caras e formando grupos de mineração para agrupar os recursos de seus computadores!

Os mineradores individuais não têm escolha a não ser ingressar em grupos de mineração porque suas máquinas individuais simplesmente não conseguem lidar com a carga de trabalho.

Mineração de Bitcoin e a sua Dificuldade

Os computadores envolvidos na mineração de bitcoins tentam resolver problemas matemáticos complexos que são quase impossíveis de serem resolvidos por um ser humano.

Esses problemas não estão apenas a tornar-se cada vez mais difíceis, mas também consomem cada vez mais tempo e energia elétrica para serem resolvidos.

De fato, os especialistas em mineradores estimam que aproximadamente US $ 150.000 sejam gastos em eletricidade diariamente por mineradores de Bitcoin em todo o mundo!

Em média, leva cerca de 10 minutos para os mineradores de Bitcoin encontrarem um novo bloco com cada bloco contendo cerca de 2.000 transações.

Esses 10 minutos são o tempo necessário para as transações de bitcoins serem validadas pela rede e formar um novo bloco.

Portanto, um novo bloco é criado toda vez que esses problemas complexos são resolvidos.

Esse processo é mais conhecido como 'Prova de trabalho' e elimina a possibilidade de ter apenas alguns mineradores minerando todos os bitcoins restantes só para si.

Como a rede do Bitcoin é descentralizada sem que um organismo central verifique as transações, esse sistema autônomo significa que cada minerador é parte integrante do sistema.

Sem mineradores, não haveria bitcoins, simples assim.

Devido ao importante papel dos mineradores na rede Bitcoin, eles são recompensados de algumas maneiras.

Primeiro, as taxas de transação que os usuários pagam por cada transação de bitcoin são enviadas aos mineradores.

Em segundo lugar, a rede recompensa cada minerador vencedor com um número definido de bitcoin.

A segunda recompensa é importante porque é a única maneira de criar novos bitcoins.

Assim, os mineradores precisam continuar a mineração para que mais bitcoins sejam criados e liberados na rede.

Em 2009, quando o primeiro bloco de Bitcoin foi extraído pelo próprio Satoshi Nakamoto, a recompensa foi de 50 bitcoins para cada bloco.

No entanto, a recompensa é reduzida pela metade a cada 210.000 blocos ou aproximadamente 4 anos.

Isso significa que mais de 210.000 blocos para além do bloco de gênese (ou primeiro) já foram extraídos. O minerador que conseguiu extrair o bloco n° 210.001 recebeu apenas 25 bitcoins - isso ocorreu em 28 de novembro de 2012.

Outros 210.000 blocos depois, em 9 de julho de 2016, a recompensa foi novamente reduzida pela metade, desta vez para 12,5 bitcoins.

Em Maio de 2020, e 210.000 blocos depois a recompensa caíu para 6,25 bitcoins.

Outra coisa interessante a se notar é que, enquanto as recompensas ficam cada vez menores, a dificuldade de mineração está aumentar.

Agora há muito mais competição e os garimpeiros individuais descobrem que é quase impossível encontrar um único bloco sozinhos.

A participação de grupos de mineração permite que vários mineradores agrupem os seus recursos, mas isso também significa que eles estão compartilhando a recompensa do bitcoin entre eles.

Mineração de Bitcoins na nuvem – São uma Alternativa para Ingressar em Pools de Mineração?

Cuidado!

As plataformas de mineração de Bitcoin na nuvem estão cheias de operações no estilo de esquema de Ponzi.

Enquanto alguns vêm isso como uma ótima alternativa para os pools de mineração, existem apenas algumas operações legítimas de mineração em nuvem.

Em teoria, a mineração em nuvem é a solução perfeita para pessoas que desejam minerar bitcoins sem comprar seus próprios computadores de mineração e ingressar em uma pool.

Eles não precisam de se preocupar com eletricidade e com todos os outros problemas com os quais os mineradores reais precisam lidar.

Em resumo, tudo o que você precisa fazer é pagar a taxa de assinatura e aguardar que seus ganhos de bitcoin sejam enviados para sua carteira.

Parece ótimo, certo?

Muitas pessoas são atraídas por esse modelo e, é claro, golpistas e ladrões estão prontos para ajudá-los a se livrar de seu dinheiro.

A Mineração de Bitcoin é rentável?

Esta pergunta milionária fornece muitas respostas diferentes.

Alguns o encorajariam a seguir em frente e minerar, enquanto outros lhe dirão que o momento de minerar bitcoins já passou.

Com os preços do Bitcoin continuamente quebrando recordes e atingindo altas máximas consecutivas, o investimento pode valer a pena.

Mas o Bitcoin é uma criptomoeda muito volátil e nunca podemos prever a direção que seu preço seguirá, por isso é um risco enorme para os mineradores também quando o preço cai.

Quando isso acontece, a melhor coisa para os mineradores é manter os seus bitcoins e aguardar o preço subir novamente antes de vendê-los a compradores ansiosos.

No entanto, para manterem a operação em funcionamento, muitos têm de vender alguns bitcoins, pois como já falamos, o poder computacional e a energia elétrica têm custos extremamente elevados.

Quanto aos custos em eletricidade, alguns dos maiores mineradores do mundo, com milhares de computadores, resolveram instalar os seus centros de comando em países, claro está, em que a eletricidade é mais barata. Apenas uma de muitas formas possíveis de otimização de custos.

Armazenamento de Bitcoin - Como armazenar os Seus Bitcoins e outras Criptomoedas com Segurança

Manter os seus bitcoins a salvo de olhares indiscretos, bots maliciosos, hackers e ladrões de todos os tipos, não é fácil.

Parece que todo mundo quer um pedaço de bitcoin hoje em dia.

Se as pessoas sabem que você investiu em Bitcoins lá nos primeiros dias do Bitcoin e você ainda tem o seu investimento, elas sabem que você está literalmente montado em uma fortuna.

Não queremos parecer sinistros, mas é triste o fato de algumas pessoas fazerem qualquer coisa por dinheiro ou, neste caso, por bitcoins.

Há muitas maneiras de manter a sua preciosa fortuna digital em segurança.

Assim como o seu papel-moeda, você pode armazenar diferentes quantidades de bitcoin em diferentes tipos de carteiras.

Algumas são carteiras "quentes", enquanto outras são consideradas "frias".

Você aprenderá mais sobre esses tipos de carteiras à medida que passarmos por cada uma delas neste livro.

É importante mencionar aqui que, quando dizemos "manter os bitcoins seguros", na verdade estamos nos referindo a manter a "chave privada" segura.

Na sua carteira, os seus bitcoins têm um endereço associado e cada endereço de Bitcoin é composto por uma 'chave pública' e uma 'chave privada'.

A chave pública é o próprio endereço de Bitcoin e pode ser compartilhada com qualquer pessoa.

A chave pública pode ser comparada a um endereço de e-mail.

Todo mundo que conhece seu endereço de e-mail pode enviar e-mails.

A chave privada é análoga à sua senha de e-mail.

Sem uma senha, ninguém pode ler o seu e-mail.

Da mesma forma, sem uma chave privada, você não pode fazer uma transação para enviar bitcoins para outro usuário.

É por isso que manter a chave privada segura é de extrema importância.

Se os hackers se apossarem da sua chave privada, eles poderão enviar TODOS os seus bitcoins para as suas próprias contas.

Por causa da maneira como o Bitcoin é projetado, não há como você saber para onde seus bitcoins seriam enviados e não há absolutamente nenhuma chance de recuperar bitcoins.

Os recursos mais atraentes do Bitcoin, como transferências quase instantâneas, transações anônimas e irreversíveis, também são as suas maiores preocupações se as suas chaves privadas forem roubadas.

Depois que seus bitcoins são roubados e transferidos para outro usuário, você realmente não tem outra escolha a não ser aceitar o fato e seguir em frente.

Não há mais nada que você possa fazer.

Então, vamos ver a seguir como pode manter as suas chaves privadas e os seus bitcoins a salvo de hackers e ladrões.

Carteiras online

A maneira mais fácil de começar a guardar os seus bitcoins é obter uma carteira online.

Você nem precisa ter bitcoins ainda para obter a sua própria carteira.

Você pode simplesmente acessar sites como Blockchain.info, Coinbase.com e outras plataformas de troca de bitcoin para criar a sua primeira carteira.

No final deste livro vai encontrar varios links para os recursos mencionados neste livro. Assim será facil e pratico aceder a cada um desses sites e recursos.

As carteiras online ou da web são ótimas para quem está a começar e aqueles que ainda não possuem um estoque considerável de bitcoins.

Elas são fáceis de configurar, são muito convenientes e você pode acessá-los de qualquer lugar com uma conexão à Internet.

As carteiras online são 'carteiras quentes' por esse mesmo motivo, qualquer pessoa também pode acessar sua carteira!

De fato, o pior é que a maioria das carteiras da Web armazena suas chaves privadas em seus servidores.

Portanto, se a plataforma for invadida, seus bitcoins estarão em risco iminente!

Da mesma forma, se ocorrer uma falha técnica séria no site, suas chaves privadas poderão ser comprometidas ou totalmente perdidas.

Também existe a ameaça muito real de ter a sua conta limitada ou suspensa pela plataforma.

Você pode, sem saber, ir contra os termos de serviço do site ou algo semelhante, e eles podem encerrar sua conta e as suas chaves privadas se perdem para sempre.

Se você tem um estoque significativo de bitcoins, é melhor movê-lo para uma carteira "fria" mais segura, que não esteja conectada à Internet.

Não ter controle sobre os seus bitcoins é um pensamento assustador e não deve correr o risco.

Embora existam riscos inerentes às carteiras online, não é de todo ruim, especialmente se você faz transações com frequência.

Você pode apenas armazenar alguns bitcoins em sua carteira online para essas transações regulares e manter o restante em uma carteira mais segura.

Dessa forma, ainda poderá experimentar a conveniência de uma carteira online, tendo a tranquilidade de que uma grande percentagem de seus bitcoins está fora de perigo.

Eu faço exatamente isso. Mantenho uma parte dos meus bitcoins, na Coinbase, e movo para a plataforma de trading deles - a Coinbase Pro - ou para a Binance para realizar operações. Mas falaremos disso mais adiante...

Carteiras móveis

Assim como as carteiras online, as carteiras de aplicativos móveis também são carteiras "quentes", porque você pode acessar facilmente seus bitcoins em qualquer lugar em que tenha uma conexão com a Internet.

De todas as carteiras deste guia, as carteiras móveis são as mais convenientes.

Podem não ser as mais seguras, mas ninguém pode negar sua conveniência.

Você pode enviar pagamentos de bitcoins para qualquer comerciante online ou offline.

Algumas carteiras da Web têm uma versão móvel.

Por exemplo, as carteiras móveis Blockchain.info e Coinbase são sincronizadas com as suas carteiras da Web, o que é realmente muito conveniente, pois as duas carteiras são sincronizadas automaticamente para que você possa ver seu saldo ao fazer login ou acessar facilmente e ver o seu portefolio.

Essa conveniência é precisamente o motivo pelo qual mais empresas locais devem aceitar pagamentos em bitcoins.

A comunidade Bitcoin está crescendo a uma taxa exponencial, e esses usuários experientes instalam carteiras móveis em seus iPhones e smartphones Android.

Provavelmente, não há maneira mais fácil de pagar do que apenas digitalizar o QR code do seu endereço de bitcoin e pressionar o botão Enviar para pagar por seus produtos ou serviços!

No entanto, nem tudo é bom com carteiras móveis.

Por exemplo, suas chaves privadas ainda podem ser acessadas por hackers, sejam elas salvas em um servidor de terceiros ou no seu celular.

Se você perder o seu dispositivo móvel ou ele for danificado, você também poderá potencialmente perder todos os seus bitcoins e outras criptomoedas se não fizer cópias de backup de suas chaves privadas e armazená-las em algum lugar seguro.

A melhor maneira de tirar proveito de uma carteira móvel é transferindo apenas o que você precisa de uma carteira mais segura (como uma carteira de hardware) para sua carteira móvel.

Dessa forma, mesmo que você perca seu telefone e não consiga recuperar as suas chaves privadas, não perderá todos os seus bitcoins.

Carteira de Desktop

O terceiro tipo de carteira que você pode usar para armazenar os seus bitcoins de forma relativamente segura é uma carteira de desktop.

É basicamente um aplicativo de desktop no qual você armazena suas chaves privadas.

O mais popular, embora nem sempre o mais prático, é o Bitcoin Core.

Ao instalar o software, você precisa ter mais de 150 GB de espaço livre em disco, pois ele fará o download automático de todo o blockchain desde 2009!

Isso é essencial, pois o Bitcoin Core não processará nenhuma transação, a menos que todo o registro tenha sido baixado no seu sistema.

Depois de baixado, você poderá começar a enviar e receber bitcoins para sua carteira.

Se você não tem muito espaço em disco disponível, nem a largura de banda para baixar um arquivo tão grande, aqui estão algumas boas notícias para si: o Bitcoin Core não é a única carteira de desktop disponível atualmente.

Você realmente tem muitas opções para escolher, como Electrum, Bither, Armory e muito mais, que não exigem o download do blockchain, pois eles usam a tecnologia SPV (Verificação de Pagamento Simples).

As carteiras de desktop são relativamente fáceis de usar e mais seguras que uma carteira da Web ou móvel, pois você pode simplesmente desconectar o computador da Internet para evitar que hackers entrem no seu sistema e roubem as suas chaves privadas.

Obviamente, não é tão conveniente quanto uma carteira da Web ou móvel, mas pelo menos você tem controle total sobre as suas chaves privadas.

Você pode manter uma cópia de segurança das chaves caso o seu computador seja roubado, infectado por um vírus ou danificado permanentemente.

Se você não fizer backup de suas chaves privadas, poderá perder todos os seus bitcoins em um piscar de olhos!

Carteira de Papel

Pode parecer estranho no começo armazenar as suas criptomoedas em uma carteira de papel. Você provavelmente perguntará por que alguém faria isso quando o bitcoin não existe fisicamente.

Bitcoin e papel podem não parecer uma combinação perfeita, mas quando você pensa sobre isso, eles realmente são.

Bem, pelo menos em algum nível.

As carteiras de papel são uma forma de "armazenamento a frio", porque os hackers da Internet nunca conseguirão invadir o seu pequeno pedaço de papel.

Existem muitos hackers qualificados que podem encontrar uma maneira de acessar a maioria dos computadores e servidores, mas temos certeza de que o papel não é um deles.

Os seus bitcoins podem estar protegidos contra hackers, mas não contra ladrões offline.

Se você não cuidar da sua carteira de papel, deixando-a jogada em lugares inseguros, você está literalmente dando a alguém as chaves da sua fortuna!

Água também é algo que você deve considerar ao usar carteiras de papel.

Armazenar suas carteiras com fechos com zíper e outros recipientes resistentes à água deve ajudar a superar esse problema.

As carteiras de papel não são tão convenientes quanto as carteiras móveis ou da Web, mas são definitivamente mais seguras.

Você pode imprimir as suas chaves públicas e privadas e ocultá-las em algum lugar seguro, como um cofre.

As carteiras de papel são o melhor tipo de carteira para armazenar suas chaves privadas por longos períodos de tempo.

Se você não pretende tocar em seus bitcoins por meses ou anos, poderá criar carteiras de papel.

Obviamente, assim como recomendamos nas seções anteriores, é melhor manter alguns bitcoins (apenas aqueles que você pode perder) em carteiras mais convenientes para poder continuar enviando e recebendo bitcoins.

O restante de suas chaves privadas pode estar na carteira de papel.

Eu pessoalmente não tenho nenhuma carteira de papel, mas como tudo na vida, cada um é livre de fazer as suas escolhas. Neste livro e, mais propriamente neste capitulo, eu tento mostrar os prós e contras de cada.

E sempre é bom termos tanta diversidade de escolha.

Carteira de Hardware

Existe um consenso na comunidade de Bitcoin de que as carteiras de hardware são as carteiras de bitcoin mais seguras e algo que todo investidor e entusiasta sério de Bitcoin deve considerar comprar.

Este é o tipo de carteira que eu uso.

Diferentemente dos outros tipos de carteira que abordamos até agora neste guia, as carteiras de hardware são relativamente caras.

Mas hoje em dia já existe um leque bastante alargado de preços.

Claro, se você tem um número considerável de bitcoins para proteger, é realmente um preço pequeno a pagar para manter a sua fortuna segura.

A maioria das carteiras de hardware suporta uma série de criptomoedas, por isso, se você investiu em moedas que não são bitcoins, você verá que esse tipo de carteira é uma excelente compra.

As carteiras de hardware são basicamente unidades USB poderosas e duradouras que você conecta ao computador para fazer uma transação de bitcoin ou outra criptomoeda.

Quando terminar, basta remover a carteira e guardá-la em algum lugar seguro.

Um recurso exclusivo de segurança nas carteiras de hardware é a capacidade de gerar chaves privadas offline, o que significa que é menos vulnerável a ataques de hackers.

Esses dispositivos pequenos e robustos permitem que você leve suas chaves privadas para qualquer lugar, sem medo de expô-las ao mundo exterior.

A instalação também é rápida e fácil com as carteiras de hardware.

Dependendo da carteira, você pode atribuir um código PIN, senha ou palavras-chave de recuperação que podem ser usadas para autenticar seu acesso e recuperar seus bitcoins caso sua carteira seja perdida ou destruída.

Caso você não tenha uma memória muito boa e esqueça seus detalhes de recuperação, anote seus detalhes secretos e oculte-os em algum lugar que você conheça.

Caso contrário, se alguém a encontrar, por acidente ou de propósito, seus bitcoins e qualquer criptomoeda que você tiver lá em breve desaparecerão.

As carteiras de hardware são excelentes para armazenar todas as suas criptomoedas com segurança.

Se você tiver ou não uma coleção considerável de moeda digital, você nunca precisa se preocupar se sua a carteira será invadida e o seu dinheiro roubado.

As suas chaves privadas são relativamente seguras.

Você só precisa garantir que a sua memória nunca falhe e lembre-se sempre onde guardou os seus backups de carteira!

Para resumir este capitulo, a melhor carteira para os seus bitcoins e criptomoedas é na verdade uma combinação de carteiras diferentes.

Por exemplo, use carteiras de hardware ou carteiras de papel para armazenamento de longo prazo, e carteiras da Web e móveis para armazenamento de curto prazo e transações frequentes.

Aceitar e Usar Bitcoin nos Seus Negócios

Embora muitas lojas e empresas online e tradicionais tenham adicionado Bitcoin às suas opções de pagamento, ele ainda não é tão difundido quanto a comunidade de Bitcoin gostaria que fosse.

A maioria dos empresários ainda prefere os métodos de pagamento tradicionais, pois simplesmente não conhecem o suficiente sobre o Bitcoin e nem o que obteriam ao adicioná-lo aos seus negócios.

Muitos não confiam no Bitcoin e em sua volatilidade.

Eles provavelmente pensam que com essas mudanças voláteis nas taxas de câmbio dólar-bitcoin, eles provavelmente acabariam por perder os seus lucros.

Esse medo é compreensível, mas existem tantas inovações hoje em dia que isso realmente não é uma preocupação.

Afinal, muitas empresas conhecidas, como Microsoft, Overstock, Expedia, Wikipedia, Wordpress.com, Shopify e muito mais, já estão aceitando pagamentos em Bitcoin.

Negócios Online e Off-line podem aceitar Pagamentos com Bitcoin

Só porque o Bitcoin é uma moeda virtual eletrônica por natureza, não significa que as lojas off-line não podem tirar vantagem de receber pagamentos em Bitcoin.

Para lojas online, você pode integrar processadores de pagamento como Stripe, Coinbase, Braintree e muito mais, na página de checkout do seu site de comércio eletrônico.

Para lojas offline, você pode escolher entre terminais Bitcoin ou aplicativos de ponto de venda, como XBTerminal, Coinify ou Coingate.

Você também pode imprimir os QR codes, os quais os seus clientes podem digitalizar com suas carteiras móveis e pagar facilmente em bitcoins.

Depois que sua carteira de bitcoin estiver configurada, tudo o que você precisa fazer é anunciar para todo o mundo que está pronto para aceitar pagamentos em Bitcoin!

Como lidar com a Volatilidade do Bitcoin

O pensamento de perder os seus lucros e essencialmente parecer que está a dar a sua mercadoria gratuitamente para os seus clientes devido a essa volatilidade é um pensamento assustador, pois pode rapidamente falir se todos os seus clientes pagaram em bitcoin.

Em determinado momento, pode ter sido verdade, mas com processadores de pagamento Bitcoin como Coinbase e BitPay, agora é possível receber seus pagamentos em bitcoin e convertê-lo instantaneamente em dólares americanos ou em qualquer outra moeda que a plataforma suporte.

Dessa forma, você evita todos os riscos associados ao bitcoin e recebe o valor total em dólar ou na sua moeda que deveria receber.

Para ilustrar, se o seu cliente pagar US $ 100 em bitcoin por um jeans, você receberá exatamente US $ 100 na sua conta bancária.

O gateway de pagamento que você usa, por exemplo, BitPay, irá protegê-lo da volatilidade do bitcoin para que você sempre obtenha o valor total em dólar.

Para os empresários mais empreendedores que podem lidar com a imprevisibilidade do Bitcoin, a oportunidade de obter ainda mais lucro com os bitcoins com os quais eles foram pagos pode ser irresistível.

Se você pertence a esta categoria, provavelmente escolheria manter os seus bitcoins em suas carteiras digitais e renunciaria ao uso de um processador de pagamento que converterá automaticamente seus bitcoins em dólares.

Pois dessa forma e devido a tal volatilidade, esperaria que esses bitcoins aumentassem de valor.

Por que a Sua Empresa Deve Começar a Aceitar Pagamentos em Bitcoins

O Bitcoin foi criado por Satoshi Nakamoto em resposta à crise do mercado financeiro de 2008 que quase paralisou toda a economia global.

Ele o criou para resolver ou superar os problemas que temos em ter um sistema bancário centralizado que beneficiava mais os bancos do que os consumidores.

Pense nas taxas bancárias que você deve pagar sempre que alguém lhe pagar pelo seu produto ou serviço.

Taxas de depósito, taxas de retirada, taxas de transação, taxas de cartão de crédito e todos os tipos de taxas são deduzidas do seu dinheiro precioso.

O objetivo do Bitcoin é o de evitar tudo isso, e esse sistema de caixa eletrônico ponto a ponto foi a solução de Satoshi Nakamoto para o problema.

O sistema foi criado essencialmente para que todos obtenham o que lhes é devido, sem a intervenção desnecessária dos bancos e do governo.

Os Benefícios dos Pagamentos em Bitcoins para a sua Empresa

Existem muitos benefícios para o seu negócio se você optar por começar a aceitar pagamentos em bitcoin.

Aqui estão alguns deles:

Nenhum Risco de Estornos

Os pagamentos com Paypal, cartão de crédito e débito deixam a sua empresa vulnerável a estornos.

A maioria, se não todas, empresas (comerciantes online e offline) provavelmente já enfrentaram esse problema em um momento ou outro.

Lidar com um estorno é um processo que causa dor de cabeça e consome tempo.

Os Seus clientes podem alegar não reconhecer a cobrança nos extratos do cartão, ou que o cartão foi roubado e outra pessoa o usou para comprar de si, ou ficam chateados por sua mercadoria não ser como foi descrita ou estar com defeito.

Algumas pessoas simplesmente gostam de fazer estornos porque desejam obter um item de graça, principalmente se for um item de alto valor.

Obviamente, isso é algo antiético, mas você não pode prever o comportamento de seus clientes.

Com os pagamentos em Bitcoin, há risco zero de estornos, porque todos os pagamentos, depois de confirmados, são finais.

Não há como alguém, nem mesmo os programadores mais inteligentes do mundo, poderem reverter ou desfazer uma transação de bitcoin.

Os pagamentos em Bitcoin oferecem proteção comercial que é incomparável com qualquer outra opção de pagamento disponível hoje.

Nenhum banco e nenhum governo podem fornecer o nível de proteção comercial que o Bitcoin oferece.

Sem Fraude ou Pagamentos Duplicados

A rede Bitcoin é um sistema de pagamento extremamente seguro.

Ao contrário dos bancos, o Bitcoin é incorruptível.

Antes do Bitcoin aparecer, pagamentos duplicados e fraudes eram um problema muito real com o dinheiro digital. Mas, felizmente, graças aos esforços de Satoshi Nakamoto, o problema dos gastos duplicados foi finalmente resolvido.

O Bitcoin é um sistema descentralizado de pagamento ponto a ponto.

Toda a gente na rede vê todas as transações de bitcoin que já ocorreram.

Essa transparência causa dificuldade para os fraudadores falsificarem os registros para que possam gastar a mesma quantidade de bitcoins duas vezes.

Esse livro massivo, também conhecido como blockchain, mantém um registro de todas as transações.

Uma transação é adicionada apenas a um bloco depois de confirmada ou verificada pelos mineradores.

Pagamentos Quase Instantâneamente

Os pagamentos em Bitcoin são muito rápidos, irrevogáveis e finais.

Não há como desfazer qualquer transação de bitcoin.

Contando que você indique o endereço de bitcoin correto para os seus clientes pagarem, estará tudo pronto para que o pagamento caía, e os seus bitcoins chegarão à sua carteira geralmente dentro de 2 a 15 minutos.

Usar o endereço de bitcoin correto é obviamente um ponto muito importante a ser considerado, porque, se por acaso, você apresenta o endereço de bitcoin errado, não há como recuperar esses bitcoins.

A menos, é claro, que você saiba quem é o dono desse endereço de bitcoin. Nesse caso, basta pedir que eles enviem esses bitcoins para o endereço correto.

O que não é muito facil, pois existem milhões de carteiras e saber para a qual enviou é mesmo muito complicado.

Outra vantagem do uso de gateways de pagamento como Coinbase e BitPay é que você pode receber seu dinheiro em suas contas bancárias dentro de 2 a 3 dias.

Esses serviços geralmente enviam pagamentos todos os dias úteis (e não sempre que ocorre uma transação).

Como alternativa, se você deseja manter os seus bitcoins, ou seja, não deseja convertê-los em dólares, tudo bem.

Você pode selecionar esta opção nas configurações do gateway de pagamento.

De qualquer forma, você receberá os seus bitcoins ou dólares de forma muito conveniente e em menos tempo do que se o cliente pagasse com Paypal ou cartão de crédito.

Taxas de Transação Insignificantes

Com os pagamentos em bitcoin, você mantém mais do que o seu cliente paga.

Você efetivamente elimina o intermediário (seu banco), com as suas taxas caras.

Você ainda precisará pagar uma taxa de transação de bitcoin muito pequena que vai para os mineradores que verificam todas as transações de bitcoin e a adicionam ao registro ou blockchain. Mas nada comparável ao mercado tradicional.

Essa taxa de transação é quase insignificante e equivale a centavos, diferentemente das taxas exigidas pelo banco ou pela empresa de cartão de crédito!

Para pagamentos com cartão de crédito, os comerciantes geralmente cobram uma taxa de intercâmbio (paga ao banco ou emissor do cartão) e uma taxa de avaliação (paga à empresa do cartão de crédito, como Visa ou Mastercard).

Em média, essas taxas acabam custando ao comerciante entre 3% e 4% por transação.

Em comparação, para transações de bitcoin, as taxas são tipicamente de 10.000 Satoshis ou 0,0001 bitcoin.

Você pode definir as suas próprias taxas, mas quanto maior a taxa de transação definida por transação, mais rápido os mineradores de bitcoin confirmarão a sua transação.

Para um pagamento com cartão de crédito de US $ 1.000, as taxas que os comerciantes devem pagar seriam de US $ 30 a US $ 40.

Para um valor de compra semelhante pago em bitcoin, a taxa de transação seria de aproximadamente US $ 1 se o preço atual do bitcoin for de, por exemplo, US $ 10.000 por bitcoin (US $ 10.000 x 0,0001 = US $ 1).

Você já pode ver apenas neste exemplo que as transações de bitcoin economizarão muito dinheiro apenas nas taxas de transação.

Imagine quanto você economizará se conseguir vender o seu produto de US $ 1.000 apenas 10 vezes por dia ou 100 vezes por dia!

Vendas Aumentadas e Mais Lucro Para Si

O Bitcoin não discrimina de onde uma pessoa vem.

Mesmo que seu o cliente viva em um país conhecido por fraudes com cartão de crédito, aos olhos do Bitcoin todos são iguais.

Se você já tentou aceitar pagamentos de clientes desses países, sabe como o processo inteiro é difícil e complicado.

Paypal, Stripe e outros gateways de pagamento populares não aceitam ou suportam muitos países com alta prevalência de fraude.

Mas com o Bitcoin, você pode facilmente aceitar pagamentos de quem mora em qualquer lugar do mundo.

Tudo o que eles precisam para pagar é apenas o seu endereço de Bitcoin!

Eles não precisam enviar suas fotos e cartões de identificação nacionais, pelo que a privacidade de seus clientes fica bem protegida.

E como você já sabe, todas as transações de bitcoin são finais, portanto, não há como seus clientes fazerem um estorno como facilmente fariam com cartão de crédito.

O Bitcoin torna o mundo um lugar melhor.

Elimina fronteiras e a burocracia do governo.

Ele permite que comerciantes e empresários como você recebam pagamentos de clientes que têm a infelicidade de morar em países com uma alta taxa de fraude.

Bitcoin protege você e sua empresa.

Ao mesmo tempo, permite que você forneça os seu serviço e os seus produtos a todos no mundo inteiro. Fantástico, não é?

Clientes mais satisfeitos

Adicionar o Bitcoin à sua lista de pagamentos suportados dará aos seus clientes uma opção extra para entregar o seu dinheiro. Mesmo que ainda não tenham bitcoins, eles poderão entrar no jogo mais cedo ou mais tarde.

E quando o fizerem, lembrarão de si e o recomendarão aos amigos deles.

Até os clientes existentes ficarão felizes em saber que você adicionou pagamentos em Bitcoin.

Se você é uma das poucas empresas da sua comunidade que aceita pagamentos em Bitcoin, provavelmente se tornará popular porque será vista como uma empresa inovadora e com visão de futuro.

Muitas pessoas ouviram falar sobre Bitcoin nas notícias e muitas teriam desenvolvido um interesse passageiro ou começariam a ficar curiosas sobre bitcoins e criptomoedas em geral.

Você pode educar os seus clientes e informá-los sobre o que é o Bitcoin e como ele os ajudará em suas transações financeiras.

Pense bem:

Você prefere ser uma das primeiras empresas a oferecer pagamentos em Bitcoin e "roubar" os clientes de seus concorrentes no processo?

Ou você prefere que seus os clientes participem da concorrência simplesmente porque os outros oferecem pagamentos em Bitcoin e você não?

Obtenha Suporte da Comunidade Bitcoin

A comunidade Bitcoin está a crescer rapidamente e, com os preços subindo rapidamente, eles estão a procurar lugares onde possam gastar os seus bitcoins.

Várias grandes empresas adicionaram Bitcoin às suas opções de pagamento, mas uma grande maioria das empresas ainda não seguiu o exemplo.

Então, quando a comunidade Bitcoin descobre um novo negócio que suporta bitcoin, eles compartilham as notícias com todos.

Esse é um anúncio gratuito para a sua empresa e você pode esperar que eles acessem o seu site ou loja física em breve.

Para obter exposição suficiente para a comunidade Bitcoin, você pode espalhar as notícias nas mídias sociais, em fóruns, páginas, grupos, etc.

Se você tem uma loja física, também deve colocar uma grande placa do lado de fora que anunciará a quem passa que você está aceitar pagamentos em Bitcoin.

O crescimento do seu negócio não precisa ser difícil.

Aceitar pagamentos em Bitcoin não apenas tornará a sua empresa popular entre a comunidade Bitcoin, mas também levará a mais vendas e mais lucros para você.

Como se Proteger Contra Fraudes e Roubos

Bitcoin e criptomoedas são tópicos quentes no momento.

Todo mundo quer uma parte da ação, embora com preços elevados, muitos não possam comprar e investir com seu próprio dinheiro.

Então, eles fazem a segunda melhor opção em que podem pensar: enganar e roubar essas preciosas moedas digitais de outras pessoas.

Neste guia, mostraremos alguns dos golpes mais comuns que esses vigaristas executam, além de como você pode se proteger contra eles.

Bitcoins e Criptomoedas Não São Fraudes

Antes de abordarmos os principais golpes de que você deve estar ciente, gostaríamos de salientar que esses golpes são todos de forças externas, e não das próprias criptomoedas.

Você pode ouvir algumas pessoas dizer que as criptomoedas não passam de uma grande farsa, mas são 100% falsas essas declarações, e explicaremos o porquê.

A tecnologia por trás das criptomoedas é chamada de blockchain.

É um livro digital incorruptível que registra todas as transações na rede.

Nenhum órgão central controla isso.

É transparente e qualquer pessoa pode rastrear qualquer transação que já aconteceu no passado.

Ninguém pode alterar nenhuma transação registrada no blockchain porque isso significaria que você teria que alterar o restante das transações ou blocos que vieram após essa transação específica. Isso é virtualmente uma tarefa impossível de se fazer.

A blockchain é tão segura que muitos bancos e empresas estão experimentando e começando a implementar a tecnologia blockchain, porque viram quão bem funciona com o Bitcoin e as criptomoedas.

Agora que você sabe que pode confiar na tecnologia por trás das criptomoedas, vamos discutir os golpes mais comuns, dos quais muitas pessoas são vítimas.

Golpe # 1 - Corretoras Falsas de Bitcoins

Hoje existem muitas empresas de troca de bitcoins respeitáveis.

As maiores e mais populares plataformas que existem há alguns anos são Coinbase, Kraken, CEX.io, Changelly, Bitstamp, Poloniex, Binance e Bitfinex.

Dito isso, não podemos confiar a 100% em nenhuma empresa, mesmo que elas sejam bem conhecidas no setor.

Você terá que fazer a sua devida diligência, pesquisando o histórico da empresa, as análises dos usuários e determinar por si mesmo se deseja gastar o seu dinheiro fiduciário com elas.

Como eu já disse, eu uso a Coinbase e a Binance.

Taxas de Câmbio Boas Demais para ser Verdade

Devido à natureza altamente volátil das criptomoedas (os preços podem subir e descer de forma incrivel em apenas algumas horas!), muitas pessoas maus carácteres na Internet estão capitalizando essa volatilidade.

Eles perseguem iniciantes inocentes que não conseguem identificar a diferença entre uma casa de troca ou exchange legítima e uma corretora falsa.

Essas "empresas" de bitcoins falsas podem facilmente criar sites de boa aparência e impressionar as pessoas com a sua estética aparentemente sofisticada.

Eles pegam pessoas com suas promessas de preços abaixo da taxa de mercado e retornos garantidos.

Simplificando, eles brincam com a ganância das pessoas.

Imagine o quão feliz você se sentiria se descobrisse um site que oferece bitcoins a taxas 10% ou 20% mais baixas do que as taxas atuais da Coinbase ou Kraken?

Se essas grandes plataformas oferecerem US $ 15.000 por 1 bitcoin e este outro site oferecer US $ 12.000, você não agarraria essa chance?

Você economizaria muito (US $ 3.000 por bitcoin!).

E poderia usar essas economias para comprar ainda mais bitcoins.

Entenda, eles estão a brincar com a ganância!

Eles sabem que as pessoas querem comprar mais bitcoins por menos dólares.

E quem pode culpar essas pobres vítimas?

Se não conhecêssemos melhor, também poderíamos cair no mesmo golpe.

Por isso, esteja atento e verifique a veracidade desses sites, pesquise sobre eles.

Verifique o preço médio do bitcoin antes de tomar uma decisão.

Receber Pagamento Instantâneo do PayPal pelos seus Bitcoins

Outro método que essas empresas de compra e troca de bitcoins falsas usam para roubar os seus bitcoins é que eles se oferecem para comprar as suas moedas a taxas mais altas que as do mercado e depois enviar o valor equivalente em dólares para o seu endereço do PayPal.

Para o desavisado proprietário de bitcoin, ele acha que está obtendo o melhor resultado do negócio, porque vai conseguir mais dinheiro pelos seus bitcoins e receberá o dinheiro instantaneamente em sua conta do PayPal.

Então, ele digita a quantidade de bitcoins que deseja vender, confirma que está satisfeito com a quantia equivalente em dólar, digita seu endereço do PayPal para que eles possam enviar o dinheiro para ele e ele espera.

E espera.

E espera ainda mais.

Ele entrará em contato com o site, mas, é claro, eles não responderão a ele agora, porque já possuem os seus bitcoins (lembre-se, todas as transações de bitcoin são finais e irreversíveis depois de validadas).

Nesse ponto, ele perceberá que acabou de ser enganado.

Ele pode denunciar o site e escrever críticas ruins, mas com quem ele está lidando?

Esses golpistas experientes irão se instalar sob um novo nome de domínio e aguardar a próxima vítima.

O principal argumento aqui é ficar longe das "corretoras" com taxas boas demais para serem verdadeiras.

Como diz o ditado, se é bom demais para ser verdade, provavelmente não o é.

Golpe # 2 - Golpes de Phishing

Hoje existem muitos tipos de golpes de phishing.

Já recebeu um e-mail do seu 'banco' solicitando que você verifique ou atualize os detalhes da sua conta para garantir que seus detalhes permaneçam atualizados?

E que você precisa clicar no link de e-mail para atualizar seus detalhes?

Muitas pessoas sabem que esse tipo de e-mail não passa de uma farsa.

De qualquer maneira, os serviços de e-mail modernos enviam esses e-mails não desejados para a pasta de lixo eletrônico, para que você não os veja muito hoje em dia.

Mas com o Bitcoin e a Criptomoeda sendo tão novos e tão quentes nas notícias atualmente, os golpistas estão se esforçando para encontrar uma maneira de roubar os seus bitcoins, acessando as suas carteiras digitais!

Golpes de Phishing por E-mail

Os golpistas enviarão a você um e-mail projetado para parecer que veio do seu serviço de carteira online (é por isso que não sugerimos o armazenamento de grandes somas de moeda virtual em suas carteiras de troca).

No e-mail, eles solicitarão que você clique em um link que o levará a um site falso.

Será exatamente igual ao site da sua bolsa ou carteira. Obviamente, não é o mesmo, porque o nome do domínio será diferente.

Por exemplo, se você estiver usando o Coinbase, eles usarão um domínio incorreto semelhante, como:

- Cooinbase
- Coiinbase
- Coinbasse
- Base de moedas
- Coinbase-Client-Update.com
- ou algo semelhante ...

Provavelmente, também não terá um recurso de segurança chamado SSL instalado, o que significa que o domínio começará com HTTP e não HTTPS (navegadores modernos como Chrome e Firefox devem avisar se é um site seguro ou não).

Se você acabar se encantando por esse golpe de phishing e faz login no site falso da carteira, os golpistas agora têm seus detalhes de login na sua carteira real!

Eles podem facilmente bloquear você da sua conta e terão a liberdade de transferir cada bitcoin que você possui para suas próprias carteiras.

Golpes de Malware

Nesse tipo de golpe, os golpistas solicitarão que você clique em um link por e-mail, banner, fórum ou em qualquer lugar em que possam postar um link que fará o download de um tipo de malware no seu computador.

Frequentemente, esses malwares são keyloggers que registram tudo o que você digita no seu computador e enviam as informações aos golpistas.

Portanto, se você fizer login na sua carteira online, como a Coinbase, por exemplo, eles poderão ver seu nome de usuário e sua senha e, em seguida, poderão fazer login na sua conta e roubar facilmente suas moedas!

O principal método para se proteger desses tipos de fraudes é nunca clicar em links de fontes não confiáveis.

Se você não reconhecer o remetente ou se o nome do domínio do site estiver incorreto, ele deve exibir uma bandeira vermelha e você deve denunciar o e-mail e/ou sair do site de phishing imediatamente.

Além disso, considere o uso de métodos de armazenamento offline, como carteiras de papel ou de hardware. Mesmo que os golpistas tenham acesso à sua carteira online, eles não terão nada a roubar lá.

Golpe # 3 - Golpes de Mineração em Nuvem

A mineração em nuvem é uma maneira popular de se tornar um minerador de bitcoin.

Você não precisa mais investir em seu próprio supercomputador e ingressar em um grupo de mineração para resolver problemas complexos de hash criptográfico.

Você nem precisa se preocupar com contas caras de eletricidade.

Você só precisa se inscrever em um serviço de mineração em nuvem (também conhecido como fazenda de mineração), alugar equipamentos de mineração e receber pagamentos proporcionais à sua subscrição.

Embora algumas empresas de mineração em nuvem sejam legítimas, existem muitos sites que promovem retornos irrealistas por quantias escassas, cujo único objetivo é roubar seu dinheiro.

Algumas bandeiras vermelhas comuns a serem observadas ao procurar ingressar em um serviço de mineração em nuvem é a ausência de uma página Sobre, página de Termos de uso/serviço, endereço físico e/ou número de contato.

Eles também podem não ter um domínio seguro (sem HTTPS antes do nome de domínio).

Esses detalhes são todos muito importantes para descobrir qual site é uma farsa e qual não é.

Você pode pesquisar no Google por comentários e acessar o site deles para ter uma ideia se eles são legítimos ou não.

Alguns podem parecer legítimos a princípio, mas é preciso analisar mais profundamente o que seu investimento vai conseguir.

Você pode pagar eventualmente para se inscrever em um contrato que lhe custará alguns milhares de dólares por ano, mas o que você receberá em troca?

Você terá que fazer as contas sozinho e calcular se vai acabar no verde.

A principal vantagem aqui é que, antes de você gastar o seu dinheiro fiduciário que ganhou com o seu suor, você deve pelo menos garantir que está lidando com uma empresa legítima e não com algum fraudador anônimo que o deixará em prantos.

Pesquise bastante, leia resenhas e procure nas comunidades de mineração de criptomoeda informações sobre as melhores e mais confiáveis empresas de mineração em nuvem.

Golpe # 4 – Esquema de Ponzi

Os esquemas de Ponzi são provavelmente mais fáceis de detectar do que os outros golpes que abordamos até agora neste livro.

Isso ocorre porque os golpes de Ponzi são bem conhecidos por garantir retornos estranhos sobre investimentos com pouco ou nenhum risco para os investidores.

As pessoas se apaixonam por esse tipo de fraude o tempo todo porque querem retornos garantidos em seus investimentos.

Com Bitcoin e criptomoeda, qualquer empresa que garanta retornos exponenciais de qualquer investimento deve ser vista como uma potencial fraude.

O mercado de criptomoedas é altamente volátil e, em um minuto, o preço pode estar no nível mais alto de todos os tempos e, no seguinte, está baixo em algumas centenas ou milhares de dólares.

Devido a essa volatilidade, você nunca deve acreditar em alguém que lhe diga e garanta um retorno de 10% do seu investimento todos os dias, ou quaisquer que sejam os termos do fraudador.

Como os esquemas Ponzi dependem de novos membros, também conhecidos como vítimas, para pagar os seus primeiros investidores, eles geralmente oferecem incentivos para que os membros recrutem novas pessoas para ingressar em sua rede.

É muito comum fraudes como essa oferecerem algum tipo de recompensa para afiliados.

Você indica alguém para investir na "empresa" e é recompensado por seus esforços.

Alguns esquemas Ponzi garantem lucros diários para todo sempre.

Se isso parece impossível, certamente é.

Ninguém nem sabe o dia de amanhã e garantir retornos diários é apenas uma loucura.

Logo de cara, um investidor inteligente verá que ofertas como essa nada mais são do que fraudes criadas para lhe roubar dinheiro ou bitcoins.

De fato, muitos desses sites de fraude preferem pagamentos com bitcoin porque sabem que uma vez enviadas, as transações com bitcoin não podem ser revertidas ou canceladas!

O principal argumento aqui é que, se você sabe que as ofertas da empresa são boas demais para serem verdadeiras, deve fugir na direção oposta.

Às vezes, não faz sentido procurar opiniões na Internet quando se trata de golpes como esses, porque a maioria dos "revisores" é quem entrou no jogo mais cedo e, portanto, já recebeu algum retorno sobre o seu investimento.

E, geralmente, quando esses usuários deixam comentários, eles incluem o link de afiliado, pelo que você percebe imediatamente que eles têm interesse em deixar comentários brilhantes para uma empresa que eles podem ou não saber que se trata de uma farsa.

O Futuro das Criptomoedas

Antes de falarmos sobre o futuro das criptomoedas, é importante nos lembrar-mos do passado e como eram as criptomoedas no começo.

Em 2008, quando o fundador do Bitcoin, Satoshi Nakamoto, lançou seu white paper do Bitcoin, muitas pessoas disseram que era apenas uma moda passageira e uma farsa projetada para induzir as pessoas a desistir de seu dinheiro "real".

Havia muitos opositores e especialistas financeiros que disseram que o Bitcoin nunca seria adotado pelas massas, fracassaria e desapareceria em um ano ou mais.

Felizmente, a comunidade de criptomoedas se uniu e trabalhou em conjunto para tornar o Bitcoin um sucesso.

Eles viram potencial na tecnologia blockchain e o que isso poderia significar para o setor financeiro.

Eles viram a necessidade de haver criptomoedas, porque na atual configuração financeira, os bancos e governos têm muitos problemas e estão a causar o colapso das economias nacionais.

Eles viram que manter a inflação sob controle era difícil com as moedas tradicionais e as pessoas mais pobres geralmente não têm acesso fácil aos bancos.

Receber ou enviar pagamentos muitas vezes era uma dor de cabeça, com as taxas de transação consumindo uma quantia significativa de dinheiro.

Os bancos cobram taxas exorbitantes apenas para que seus clientes possam ter acesso ao seu próprio dinheiro, e o governo ajuda muito pouco, se é que pode sequer ajudar o povo.

Os apoiadores do Bitcoin dizem que o sistema financeiro moderno é uma bagunça, em que bancos e governos conspiram ou trabalham juntos, não para atenderem as necessidades financeiras dos seus cidadãos, mas para obterem o máximo de dinheiro possível em termos de taxas cobradas.

O Bitcoin mudou tudo isso.

Com o Bitcoin, você está eliminado o intermediário.

Não há mais bancos com que lidar e nenhum governo para espionar as suas contas bancárias.

Com o Bitcoin, você é o seu próprio banco.

Você é o caixa do banco enviando e recebendo pagamentos e o banqueiro encarregado de manter o seu dinheiro seguro.

O Bitcoin tem sido um líder em tantas frentes...

Como a primeira criptomoeda de sucesso, preparou o caminho para outras criptomoedas serem bem-sucedidas e a comunidade global lentamente percebeu isso nos últimos anos.

Continue a ler para descobrir quais outras possibilidades o Bitcoin e as criptomoedas trazem para o futuro!

Apoio Maciço das Massas

Na maioria dos países desenvolvidos, obter um cartão de crédito ou um empréstimo comercial é relativamente fácil.

No entanto, nos países em desenvolvimento, você precisaria literalmente passar por várias complicações e burocracia do governo antes de conseguir um.

Mas com Bitcoin e criptomoeda, tudo o que você precisa é apenas da sua carteira digital e você pode começar a receber criptomoedas de qualquer pessoa, em qualquer lugar do mundo.

Você nem precisa de sua própria conexão com a Internet em casa, pode simplesmente ir a algum lugar com um bom acesso à Internet e criar uma carteira rápida online ou no seu celular.

Obviamente, armazenar todas as suas criptomoedas online não é uma boa ideia como já referimos anteriormente, portanto, você deve ter o chamado armazenamento a frio, como uma carteira de hardware ou carteira de papel.

Mas as carteiras online são ótimas para pequenas transações, portanto, se você precisar pagar uma conta de serviço público ou a fatura do seu cartão de crédito, basta digitalizar o QR code da carteira de bitcoin da empresa de serviços públicos e enviar o seu pagamento criptográfico.

Não há necessidade de passar o dia inteiro em longas filas!

Hoje, já existem muitas empresas que começaram a aceitar pagamentos em bitcoin (embora ainda sejam a minoria).

Esses empresários com visão de futuro vêm o benefício de aceitar bitcoins e estão a lucrar muito com essa decisão inteligente de negócios!

Você pode comprar praticamente qualquer coisa com bitcoins.

Você pode comprar passagens de avião, alugar carros, pagar as mensalidades da faculdade, comprar mantimentos, comprar coisas na Amazon, comprar cartões-presente da Amazon em sites de terceiros e muito mais!

No futuro, podemos esperar que mais empresas irão aderir aos pagamentos com Bitcoin, e será uma situação em que todos ganham, tanto os proprietários quanto os clientes.

As empresas receberão o seu pagamento rapidamente e eles entrarão nas suas contas bancárias no dia seguinte (usando um gateway de pagamento como o BitPay, que oferece a conversão instantânea de bitcoins para a moeda fiduciária), e os clientes poderão comprar itens de uma maneira muito conveniente.

O Papel do Bitcoin nas Economias em Desenvolvimento

Não é de surpreender que o Bitcoin tenha sido adotado em massa nos últimos anos.

De fato, no Zimbábue, as pessoas estão a usar bitcoins para fazer transações financeiras.

Com a queda do dólar do Zimbábue, o país teve que recorrer ao dólar como sua principal moeda.

No entanto, essa não é uma solução muito viável, porque o governo deles não pode imprimir dólares americanos.

Os venezuelanos também estão a enfrentar o mesmo problema.

O bolívar venezuelano ficou hiper inflacionado e quase inutilizável.

As pessoas recorreram ao uso de bitcoins para pagar bens básicos, medicamentos, mantimentos e muito mais.

Para os zimbabuanos e venezuelanos, além dos vietnamitas, colombianos e cidadãos de países com moedas super inflacionadas, o Bitcoin é um farol de luz, porque não está sujeito aos caprichos e manipulações de seus bancos locais ou governos.

A situação econômica atual é um exemplo perfeito da desvantagem de ter uma autoridade central para gerenciar a moeda de um país, enquanto, ao mesmo tempo, destaca todos os benefícios do uso do Bitcoin, uma rede financeira descentralizada e 100% transparente.

Com o Bitcoin a receber apoio massivo de pessoas em países em desenvolvimento, os governos poderão em breve intervir para regular o uso do Bitcoin e outras criptomoedas.

Embora não possamos prever o futuro, por enquanto, o Bitcoin fornece uma maravilhosa alternativa sem inflação à moeda tradicional.

E com os preços do Bitcoin a disparar, isso dá a muitas pessoas muito poder de compra que as suas moedas nacionais não podem fornecer.

Pagamentos Internacionais Rápidos e Baratos

Um dos principais benefícios dos pagamentos em bitcoin é a velocidade com que o destinatário pode receber os seus bitcoins.

Isso é perfeito para pessoas que contratam freelancers ou funcionários no exterior.

Os funcionários não precisam ter uma conta bancária e incorrer em taxas e mais taxas, apenas porque estão a receber dinheiro de si, sendo um cliente internacional.

Obviamente, não devemos deixar de mencionar as taxas que você mesmo pagará ao seu banco toda vez que remeter ou transferir dinheiro para os seus empregados estrangeiros.

Além das taxas que você e seu destinatário pagam, você também deve considerar a taxa de câmbio.

A maioria dos bancos e serviços de transferência de dinheiro geralmente diz antecipadamente que "essa" é a taxa de câmbio atual, mas quando você a compara às taxas reais, a taxa do banco seria muito menor.

Mesmo para pagamentos do PayPal, você notará uma diferença na taxa de câmbio que eles usam.

Você provavelmente não perceberá a taxa de câmbio ao transferir quantias relativamente pequenas, mas ao fazer transações em milhares de dólares, as taxas podem rapidamente adicionar uma quantia significativa.

Com o Bitcoin, você pode dizer adeus a todas essas taxas exorbitantes.

Para cada transação de bitcoin, você precisa pagar uma pequena taxa pelo trabalho dos mineradores, mas nada comparado ao que os seus bancos cobram!

Tanto faz você enviar 1.000 bitcoins ou 0,01 bitcoins, a taxa de mineração pode ser a mesma, pois a taxa é calculada em termos de bytes, não a quantidade de bitcoins.

O tamanho (em bytes) da sua transação dependerá do número de entradas e saídas por transação.

Sem entrar em detalhes técnicos, o importante é notar aqui que as taxas de mineração são muito, muito pequenas em comparação com as taxas do seu banco.

É por isso que Bitcoin e as Criptomoedas vão mudar o futuro.

Mais pessoas negociarão diretamente entre si para evitar pagar essas taxas bancárias muito caras!

Vão haver cada vez mais pessoas a enviar criptomoedas diretamente umas às outras. Pode não haver mais necessidade de serviços de transferência de dinheiro de terceiros ou mesmo de bancos.

Embora isso possa levar muitos anos para acontecer, ainda é uma possibilidade, uma vez que todos sejam informados sobre os benefícios do uso de criptomoedas para enviar e receber pagamentos de qualquer pessoa e de qualquer parte do mundo em apenas alguns minutos.

Combate ao Crime e à Corrupção

Muitas pessoas estão preocupadas com o fato de a rede Bitcoin estar a ser usada para lavagem de dinheiro, por criminosos e funcionários corruptos porque eles acham que é uma rede anônima.

Sim, todas as transações verificadas são registradas no blockchain e não, não há nomes listados lá.

Você pode ver apenas códigos alfanuméricos, de fato.

Se você baixar o cliente Bitcoin Core de código aberto e gratuito, também precisará baixar todo o blockchain que já tem mais de 100 GB ou mais.

Milhões de transações de bitcoin desde 2009 são armazenadas na blockchain.

Você verá a primeira transação de seu fundador, Satoshi Nakamoto.

Estamos mencionando isso para apontar para o fato de que o Bitcoin não é realmente anônimo.

Em vez disso, é pseudônimo, o que significa que os usuários podem se esconder atrás de pseudônimos, mas, sob inspeção minuciosa, os especialistas em forense digital podem rastrear quem possui as carteiras Bitcoin.

Obviamente, esse é um empreendimento demorado, mas quando você procura criminosos que lavaram milhões ou bilhões de dólares em bitcoins, pegá-los torna-se uma prioridade.

De fato, os especialistas dizem que é melhor para os criminosos esconderem os seus itens roubados, neste caso dinheiro, em contas bancárias offshore, devido as suas leis estritas de privacidade bancária.

A única vantagem do bitcoin é que pode movimentar milhoes em apenas uma pen ou carteira de hardware e isso faz as pessoas pensarem que podem facilmente ocultar as suas transações ilícitas no labirinto alfanumérico conhecido como blockchain.

Mas na realidade não funciona assim.

Em suma, vários criminosos já foram colocados atrás das grades graças ao Bitcoin e ao blockchain.

No futuro, se e quando a criptomoeda obtiver apoio e adoção massivos das massas em todo o mundo, será mais fácil para as autoridades rastrear e capturar criminosos que esperam usar as criptomoedas como um meio de ocultar e movimentar o seu dinheiro roubado.

A Tecnologia Blockchain Vai se Tornar Popular

Muitos governos, bancos e organizações privadas estão a pensar em adotar a tecnologia blockchain em seus produtos e serviços.

O blockchain é a tecnologia subjacente por trás do Bitcoin e outras criptomoedas.

A tecnologia já está a começar a receber reconhecimento e adoção de muitos setores do mundo. Embora isso possa levar vários anos, é pelo menos um aceno positivo a favor da revolução do blockchain.

Duas das tecnologias mais populares de blockchain atualmente são Ethereum e Hyperledger.

Você pode ter ouvido falar do Ethereum como a segunda criptomoeda mais popular, depois do Bitcoin.

Mas é mais do que apenas uma plataforma de moeda virtual.

O Ethereum é uma plataforma que permite a qualquer pessoa criar contratos inteligentes que ajudem as pessoas a negociar ou trocar qualquer coisa de valor, como dinheiro, propriedades, ações, etc.

O contrato é publicamente transparente e é registrado no blockchain, o que significa que outras pessoas são testemunhas do acordo.

A melhor coisa sobre contratos inteligentes é que você basicamente está automatizando contratos sem pagar pelos serviços de um intermediário, como um banco, corretor da bolsa ou advogado.

O Hyperledger, por outro lado, é um projeto colaborativo de código aberto e intersetorial, com colaboradores de muitas empresas importantes, como Deutsche Bank, IBM, Airbus e SAP.

Segundo o site, a colaboração tem como objetivo desenvolver uma "nova geração de aplicativos transacionais que estabeleçam confiança, responsabilidade e transparência."

Esses aplicativos têm o potencial de otimizar processos de negócios e reduzir o custo e a complexidade de vários sistemas no mundo real.

Estes são apenas alguns exemplos de como a tecnologia blockchain vai mudar o mundo no futuro.

O Blockchain pode ter menos de uma década, mas já mudou a vida de muitas pessoas para melhor.

Negociar e Vender os Seus Bitcoins em Troca de Lucro - Trading

Negociar e vender os seus bitcoins pode ser uma atividade muito lucrativa.

Você provavelmente conhece alguém ou ouviu falar de alguém que comprou bitcoins no início do Bitcoin, quando eles não valiam quase nada, e acabaram vendendo cada bitcoin por milhares de dólares!

Ou pode conhecer pessoas que se envolvem no comércio de bitcoins e também estão a lucrar muito bem.

Pode parecer fácil, mas a verdade é que negociar bitcoins não é para todos.

Essa prática de negociação chama-se, na realidade, trading.

O trading é a negociação activa, ou seja a compra de um ativo como ações, ouro, e criptomoedas a um determinado preço e vender a um preço mais alto para obter lucro.

Recomenda-se especialmente aos iniciantes que tomem cuidado e estejam mentalmente e financeiramente preparados antes de mergulhar neste mundo emocionante de alto risco e alta recompensa.

Ao negociar, é senso comum seguir a estratégia:

"Compre na baixa e venda na alta, para que você possa lucrar."

Você não deseja vender a um preço menor do que comprou, porque estará vendendo com prejuízo.

Mas tudo isso parece fácil no papel.

No mundo real, quando você lida com bitcoins que valem centenas, milhares ou até milhões de dólares, se você não tiver a mentalidade certa e a disciplina financeira, poderá entrar em pânico com muita facilidade.

Especialmente se você estiver a negociar bitcoins que representam todas as suas economias, seu fundo de aposentadoria ou o dinheiro reservado para a faculdade de seus filhos!

Deve começar pequeno, ou com pequenas quantias.

Poderia escrever um livro completo apenas sobre estrategias de trading, mas neste livro vamos falar sobre o essencial sobre negociar e ganhar dinheiro com bitcoin fazendo trading, e outras estrategias que usam o bitcoin como investimento.

Comece devagar

Não salte este parágrafo!

Investir em criptomoedas pode ser perigoso se você não souber o que está a fazer.

É muito importante que você siga a regra de ouro do investimento:

Nunca invista mais dinheiro do que está disposto a perder.

Os mercados de criptomoedas podem mudar muito rapidamente devido à sua volatilidade.

Comece com uma quantia fixa de dinheiro e teste diferentes estratégias para obter lucro.

Atenha-se àquelas que provaram ser eficientes para si no passado.

Estratégias de Negociação de Bitcoin

O senso comum e o autocontrole devem ter precedência sobre a ganância e a ideia de lucrar milhares de dólares em um único dia.

Aqui estão algumas estratégias de negociação de bitcoin para guiá-lo no mundo das negociações.

Pratique Primeiro

Aprender os meandros da negociação de bitcoin é ótimo, mas conhecer apenas a teoria é diferente da aplicação no mundo real.

Algumas exchanges ou bolsas de bitcoins oferecem uma conta demo, na qual você pode brincar e experimentar negociar no mundo real, usando preços em tempo real.

Você terá uma ideia do cenário, por assim dizer, e verá por si mesmo se tem estômago para entrar no jogo de alto risco do comércio de bitcoin ou outras criptomoedas.

Uma das ferramentas essencias para quem negocia e está comprometido verdadeiramente é o **TradingView**, que é uma plataforma onde pode acompanhar varios indicadores sobre vários ativos, como ações e criptomoedas.

Além disso, pode usar a opção demo de negociação para simular os seus *trades*, ou seja as suas operações de compra e venda.

Isto é altamente recomendado. Selecione a moeda na qual quer fazer *trading*, ou seja comprar a um determinado preço para vender mais alto e opere na opção demo do TradingView.

Eu recomendo que use a parte de simulação ou demo do TradingView durante um mês, pelo menos. Assim consegue ter uma noção mais abrangente do comportamento de determinado ativo.

E começará a ver como se comporta o ativo, e como você gere as suas emoções.

Apesar de não estar a usar dinheiro a sério, pode ter um vislumbre de como a variação do preço e o estar certo ou errado nas suas operações o afeta.

Planeie e defina a sua Estratégia

Para negociar bitcoins com sucesso, você precisa ter uma boa estratégia.

Você não pode seguir cegamente as notícias e pensar que, por toda a gente estar a comprar bitcoin, você também deve comprar.

Tenha um plano estipulando o preço que você deve comprar bitcoins e a que preço você deve vendê-los para ter lucro e certifique-se de seguir esse plano.

Isso significa que você ficará tranquilo sempre que observar a queda de preço.

Encontre moedas que você deseja investir

O próximo passo é decidir em quais criptomoedas você deseja investir.

Existem milhares de moedas e tokens diferentes por aí, com preços que variam entre alguns centavos e milhares de dólares por moeda.

Não apenas a quantidade de dinheiro, mas também o período que você deseja investir é o que irá moldar a sua decisão sobre qual moeda comprar.

Se você não tem ideia em quais moedas investir, não se preocupe, vamos ajudá-lo.

Monitore as moedas que você deseja investir

Em vez de comprar às cegas pelo preço de mercado de determinada moeda que apenas ouviu falar, é muito importante monitorar os preços.

Existem muitos sites para se fazer isso. O mais popular é o CoinMarketCap, que já referimos ao longo do livro.

Verifique os preços históricos, ou seja, a variação de como o preço mudou ao longo do tempo.

Compare os gráficos das moedas que tiveram um retorno positivo e daquelas que se depreciaram.

Tenha uma ideia do comportamento do mercado.

Aumente seu Investimento

O objetivo é obter lucro e aumentar o retorno do seu investimento.

Basicamente, como já referimos, você pode alcançá-lo comprando na baixa e vendendo a um preço mais alto.

Uma regra prática:

Se o preço de um token for alto, é muito provável que ele caia e vice-versa.

Mas como você sabe quando é a hora certa de comprar?

A resposta está na análise de gráficos e em estar atualizado sobre a situação atual do mercado.

As fontes mais confiáveis são os blogs e sites de notícias na internet.

Quanto a análise grafica, você pode aprender mais sobre isso no Youtube, ou fazer algum curso especifico. Existem vários no mercado.

No final deste Livro iremos também recomendar um curso que nos ajudou muito.

Comece devagar

Comece com uma quantia fixa de dinheiro e teste diferentes estratégias para obter lucro.

Atenha-se àqueles que se provaram ser eficientes para você no passado.

Criar seu primeiro orçamento para investir pode ser demorado, apesar de você poder começar com apenas 100 dolares-

De fato, apenas 45% das famílias Brasileiras, Americanas e Portuguesas têm um orçamento mensal estipulado e fixo.

Mas o esforço definitivamente compensa.

Desenvolver um orçamento que possa sustentá-lo a longo prazo é essencial para gerar riqueza, ajudando a reduzir a dívida e a cortar custos.

Portanto, se você sentir que não tem dinheiro no final do mês, leia as próximas páginas com atenção.

O nosso projeto para criar um orçamento consiste em 5 etapas.

1. **Calcular a sua Renda**
2. **Acompanhar Todas as Despesas**
3. **Avaliar as suas Metas**
4. **Definir um Orçamento**
5. **Repetir o Ciclo Novamente**

Calcular a sua Renda

Descubra quanto é a sua renda, tirando os impostos.

A maioria das pessoas recebe um salário regular, mas alguns de nós também obtêm renda extra.

Geralmente é razoável ter outra fonte de renda.

Quanto maior a soma de sua renda, mais você pode gastar.

No meu caso, eu tenho blogs, canais de youtube, vários ebooks à venda na Amazon e ainda vendo cursos.

Mas vamos seguir em frente. Este livro não é sobre mim, mas para ajudá-lo.

Para saber quanto é a sua renda tirando os impostos, basta somar tudo e anotar em um pedaço de papel.

Essa é a quantidade que você tem disponível.

Você nunca deve gastar mais do que esse valor regularmente!

É muito importante ficar de olho nas suas despesas.

Isso pode ser fácil para alguns, mas não para todos.

De qualquer forma, você definitivamente deve identificar as suas despesas e anotá-las.

Isso facilita muito a identificação de onde você gasta mais e onde pode fazer cortes facilmente.

Comece listando todas as suas despesas fixas.

São faturas mensais regulares, como aluguer ou hipoteca, serviços públicos ou pagamentos de carros.

É improvável que você possa reduzi-los, mas pode ser útil saber qual é o seu valor total.

Talvez de repente não valha a pena comprar aquele carro que você está de olho.

Em seguida, liste todas as suas despesas variáveis.

Extratos de cartão de crédito e extratos bancários são um bom lugar para começar a procurar e depois a listar as despesas mensais, que podem mudar de um mês para o outro.

Exemplos são o dinheiro que você gasta em comida e entretenimento.

Esta é uma área em que você pode cortar nas suas despesas sem muito esforço.

Ter objetivos quando se trata de orçamento é mais importante do que a maioria das pessoas pensa!

Você sempre deve estar ciente do motivo pelo qual está fazendo isso e onde você quer chegar.

Também é importante ajustar esses objetivos, pois a sua motivação já pode ter mudado.

Você pode ter planeado pagar dívidas ou salvar um depósito de ações, mas, quando atingir esse objetivo, poderá perder a motivação para manter o seu orçamento sob controlo.

É por isso que você precisa ajustar regularmente as suas metas

de orçamento para alcançá-las de forma consistente!

O próximo passo é calcular se você pode fazer o seu dinheiro render.

Talvez você não tenha problemas com dinheiro, mas um cálculo sempre ajuda a tomar consciência da sua situação.

Conte a soma de todas as suas rendas e deduza a soma de todas as despesas.

Se o resultado for positivo, significa que você pelo menos não gasta mais do que ganha!

Isso é muito bom.

Mas talvez você ainda possa repensar um pouco suas despesas e economizar ainda mais dinheiro.

Se o resultado for negativo, significa que você não está conseguindo fazer o seu dinheiro "render"!

Mas não se preocupe, você não está sozinho!

A maioria das famílias tem esse problema.

Agora você deve pensar cuidadosamente sobre os seus gastos e ver onde pode economizar!

Você não pode viver um estilo de vida se não puder pagar por ele, ou ficará preso na situação atual para sempre!

Você tem que ganhar mais dinheiro e gastar menos.

O seu primeiro objetivo deve ser reduzir a dívida, se houver uma dívida, claro.

Quanto mais você protelar a dívida, mais caro será para si.

Se você possui uma dívida de investimento em uma propriedade que gera fluxo de caixa, isso não é relevante.

Ou seja, se paga o empréstimo por um imóvel que lhe gera dinheiro através do pagamento da renda pelo arrendatário.

Quanto mais sobra no final do mês, mais você pode investir.

Nas últimas etapas, somente abordamos o planeamento, agora vamos partir para a implementação!

Essa é a parte em que podemos apenas encorajá-lo e esperamos que você comece a usar estas dicas.

" O melhor plano é inútil se você não o implementar."

Marco Rocha, do Cryptomilionarios

Acompanhar, ou seja, controlar o seu orçamento leva cerca de uma hora por semana.

Mas isso economizará muito dinheiro a longo prazo.

Depois de definir um orçamento, você deve segui-lo.

Sempre acompanhe onde você está gastando o seu dinheiro e economize o máximo possível.

Na próxima página, você encontrará dicas adicionais que podem ajudar a reduzir o esforço com o rastreamento de dinheiro e a manter a sua motivação lá em cima!

Automação

Pague pelas coisas importantes primeiro.

Invista o seu dinheiro e pague a sua dívida automaticamente no início do mês.

O resto pode ser gasto.

Mas não esqueça que você não pode gastar mais do que pode pagar.

Recompensas

Se você alcançar as suas metas de poupança ou investimento, recompense-se!

É importante manter-se motivado, portanto, recompense-se!

Mas não gaste o que sobra de dinheiro em coisas sem sentido.

Uma noite de festa com gastos e loucuras, provavelmente não o fará feliz a longo prazo e custará muito.

Agora, passar uma noite agradável com a pessoa de que gosta provavelmente custa menos e termina com melhores lembranças.

Nunca desista

A falha em atingir a sua meta em um mês não significa que você cometerá os mesmos erros no próximo mês.

Reserve uma hora, avalie os seus erros e evite-os no próximo mês!

Você consegue!

Agora você sabe como criar um orçamento e economizar dinheiro para começar a investir.

Existem muitas maneiras de ganhar dinheiro no mundo Cripto.

Mais informações podem ser encontradas nas páginas seguintes.

Duas modalidades ao operar e a fazer trading no mundo cripto

O trading é o método definitivamente mais avançado e envolve a pesquisa diária de padrões nos gráficos de negociação financeira.

Como as criptomoedas são muito voláteis e o preço pode mudar drásticamente em um dia, alguém que acompanha o preço em um intervalo de 24 horas pode obter um retorno muito alto do investimento comprando e vendendo. Às vezes isso é feito na mesma hora, com operações de scalping trading ou day trading (são dois metodos de negociação que visam alcançar lucro no mesmo dia).

Por outro lado, temos o swing trading - você compra e vende dias depois.

Às vezes, compramos e esperamos uma subida no mesmo dia mas o preço não se comporta como esperado e então vendemos em outro dia. Aquim uma operação de day trade passa a uma operação de swing trade.

Tudo isto são conceitos e nomes complicados que se dão ao processo de compra e venda.

Mas no fundo é mesmo isso e tudo se resume a comprar mais baixo e vender mais alto.

Não recomendamos isso se você é iniciante ou não deseja estudar e observar os gráficos todos os dias.

No entanto, se você tem experiência em criptomoedas ou em negociar (fazer trading), pode usá-lo em sua vantagem!

Muitos traders que operavam no mercado de ações voltaram-se para o trading em criptomoedas devido a sua volatilidade, pois isso significa mais oscilações no mercado e, por consequência, mais oportunidade de lucro.

Todos podem aprender a negociar (fazer trading), mas você deve saber que leva mais tempo para dominar essa habilidade.

Agora vamos explicar as duas modalidades:

Primeiro você pode operar para ganhar dinheiro Fiat, e, segundo, pode operar para aumentar a sua posição ou lucrar em bitcoin.

Passo a explicar: imagine que quer aumentar a sua moeda Fiat (moeda tradicional).

Você investe 1000 dólares em bitcoin. O preço do bitcoin no momento da compra estava, digamos que, em 8000 dólares e esses 1000 dólares dão para comprar 0,1 (bitcoin).

Agora o bitcoin, passado umas horas, sobe e passa a valer 8500 dólares, o que reflete uma subida de praticamente 6%, e você vende.

A subida de 6% no preço do bitcoin equivale a um ganho de 60 dólares dos seus 1000 dólares investidos.

Agora você tem 1060 dolares.

Fácil de perceber: você lucra a percentagem da subida do preço.

Agora se você quer aumentar o seu bitcoin.

Vamos imaginar que você investe novamente 1000 dólares e o preço do bitcoin está a 8000 dólares. Com esses 1000 dolares, você compra 0,1 (bitcoin).

Exactamente como no exemplo anterior, mas desta vez o objetivo é aumentar e lucrar em bitcoin.

Então funciona exactamente igual, mas aqui você usa o seu bitcoin para comprar uma altcoin, como ethereum, litecoin, etc... existem milhares.

Para este exemplo, vamos considerar que com o seu 0,1 (bitcoin), você vai comprar ethereum e o preço do ethereum no par Bitcoin/ethereum é de 0.022 (bitcoin). Você consegue comprar 4 moedas de ethereum.

Passadas umas horas ou uns dias, o preço do ethereum sobre para 0.023, o que reflete uma subida de 6% e você vende.

Agora você tem 0,106 (bitcoin).

Esse valor pode ser convertido na sua moeda Fiat claro, mas foi um exemplo para perceber que pode operar em moeda Fiat/ cripto e Cripto/cripto.

Nota:

Eu recomendo que opere em moedas que estejam dentro do top 20 e se quiser arriscar um pouco mais, no top 30.

Você pode observar o top de moedas na pagina CoinMarketCap.

Essa plataforma apresenta varios dados úteis sobre as criptomoedas, inclusive o Top das 100 principais criptomoedas por capitalização de mercado.

No fim deste livro vai encontrar todos os links.

Investir Pequenas Quantias

Como parte de sua prática ou estratégia, deve começar com pouco e não investir alto na primeira vez em que negocia.

Não há problema em perder todo o seu "dinheiro" em uma conta demo, mas quando é dinheiro real, você não quer se arriscar a perder grandes somas no seu primeiro dia.

Controle as suas Emoções

É normal sentir-se alarmado com o fato de perder o seu dinheiro.

No entanto, como você já sabe, o Bitcoin é muito volátil e, em um único dia, o preço pode cair em centenas ou milhares de dólares.

Mas o oposto também é verdade.

O preço pode subir facilmente em questão de uma hora.

Se você mantiver suas emoções sob controlo e pensar logicamente, também poderá ganhar muito dinheiro com a negociação ou trading de Bitcoin.

No entanto, se você não conseguir controlar as suas emoções e deixar o pânico superá-lo, estará destinado a perder.

Plataformas Populares de Negociação de Bitcoin

Agora que você conhece algumas estratégias muito úteis de negociação de Bitcoin, é hora de aprender sobre algumas das plataformas de negociação mais populares para Bitcoin e outras criptomoedas.

Características importantes das exchanges ou plataformas de negociação:

Existem muitas maneiras de trocar, negociar e de comprar Bitcoin e outras criptomoedas hoje em dia.

Algumas delas são melhores que outras e todas elas têm características diferentes

Antes de começar a investir no Bitcoin, é muito importante que você saiba o que VOCÊ deseja.

Segurança

Verifique se a plataforma oferece 2FA e outros recursos de segurança para que os seus fundos permaneçam seguros e não possam ser acessados por ninguém.

Liquidez

Exchanges maiores têm maior liquidez e permitirão que você compre e venda grandes quantidades de Bitcoin sem problemas.

Fácil de usar

Algumas exchanges são mais fáceis de usar.

A facilidade de verificar a sua identidade, ou seja, fazer o seu registo, a interface do usuário, o serviço ao cliente... tudo isso é importante.

Restrição Geográfica

Algumas podem não estar disponíveis ou não permitirem que você negocie se você mora em uma região específica.

Leve isso em consideração!

Reputação

A sua bolsa/exchange tem uma boa reputação?

Tente pesquisar no Google "(nome da exchange) review" e veja qual a opinião de outras pessoas, segundo a experiência que tiveram.

De seguida, apresentaremos aquelas que consideramos os melhores lugares para comprar Bitcoin atualmente e aqueles em que confiamos e usamos pessoalmente.

Coinbase

A Coinbase é uma das maiores exchanges de moedas digitais do mundo, com mais de 50 bilhões de dólares em transações de moeda digital desde 2011.

Atualmente, eles atendem a mais de 10 milhões de clientes em 32 países.

A plataforma é muito fácil de usar e você pode facilmente comprar e negociar nesta plataforma.

Para começar, você precisa criar uma carteira digital gratuita, que pode ser usada para armazenar as suas criptomoedas.

Em seguida, você precisa vincular a sua conta bancária, cartão de crédito ou débito, para poder negociar, ou seja, trocar a sua moeda local pela criptomoeda de sua escolha.

Depois que sua conta for configurada e tiver os fundos, é hora de comprar criptomoedas.

Você tem a opção de comprar bitcoins, ethereum, litecoin, entre muitas outras.

Você pode fazer isso no site ou no aplicativo móvel.

Agora que você possui bitcoins, pode optar por começar a negociar na plataforma de negociação da Coinbase, que se chama Coinbase Pro.

Para iniciantes, pode ser mais fácil comprar e vender usando a interface mais amigável para iniciantes da

Coinbase, mas o Coinbase Pro é a ferramenta mais ajustada para trading avançado.

O lado bom da Coinbase é que sua moeda digital está totalmente segura, enquanto sua moeda fiduciária (moeda local) é armazenada em contas bancárias de custódia.

Para vender os seus bitcoins, ethereum ou litecoins, basta indicar o valor que deseja vender e a carteira da qual está vendendo.

Em seguida, selecione a conta bancária vinculada, na qual você deseja depositar seu dinheiro.

No momento, a Coinbase não permite que o produto da sua venda seja enviado para um cartão de crédito ou débito, por isso é importante que você vincule uma conta bancária à sua conta Coinbase.

Nota: apesar de poder comprar e vender diretamente na coinbase normal, as taxas são muito elevadas.

Eu recomendo que transfira os seus fundos e negoceie na Coinbase Pro, devido as suas baixas taxas.

Depois de negociar, pode voltar a transferir os seus fundos para a cateira Coinbase normal.

Kraken

Kraken é um dos nomes mais confiáveis na troca de bitcoins e criptomoedas desde 2011.

É considerada a maior empresa de troca de bitcoins em termos de volume e liquidez, em euros.

Além de negociar bitcoins, eles também negoceiam dólares americanos, canadenses, libras esterlinas e ienes japoneses.

Muitos usuários internacionais adoram a Kraken porque é muito acessível internacionalmente e suportam muitos tipos diferentes de moedas e criptomoedas nacionais.

Kraken oferece muitas opções para negociação.

Você pode negociar facilmente entre qualquer uma das 17 criptomoedas suportadas por Euros, USD, CAD, JPY e GBP.

Eles oferecem tantos pares possíveis de negociação que possuem uma página muito longa, dedicada apenas à programação de taxas!

Para começar a usar o Kraken, você precisa criar uma conta gratuita.

Depois de verificar sua conta, você poderá financiá-la com dinheiro ou criptomoeda e fazer um pedido para comprar bitcoins (ou outra criptografia) na bolsa.

Quando a sua solicitação de pedido for atendida, você poderá retirar os seus bitcoins/criptomoeda para sua carteira.

A sua interface da Web é relativamente simples ao fazer pedidos, no entanto, suas ferramentas de negociação são robustas e são ótimas para usuários mais avançados.

Para vender bitcoins, você precisa enviar os seus bitcoins da sua carteira para sua conta Kraken e, em seguida, criar um novo pedido para vendê-los ou trocá-los por qualquer uma das moedas nacionais disponíveis.

Depois que o pedido for preenchido, você poderá retirar o dinheiro para a sua conta bancária vinculada.

CEX.io

O CEX.io é uma das plataformas de troca de criptomoedas mais populares atualmente, com mais de 1 milhão de usuários ativos em todo o mundo.

No entanto, a empresa não era originalmente uma empresa de troca. Na verdade, foi estabelecida em 2013 como o primeiro provedor de mineração em nuvem.

Embora o aspecto de mineração do negócio tenha sido fechado, sua plataforma de troca está claramente prosperando.

Muitos usuários apreciam a transparência de preços do CEX.io.

Se você está comprando bitcoins, é muito fácil ver aonde os seus US $ 100, US $ 200, US $ 500 ou US $ 1000 vão te levar.

Você também pode ver facilmente quanto bitcoin você pode comprar em libra esterlina, euro e rublo russo.

O preço de compra é atualizado a cada 120 segundos.

Para começar, você precisa criar uma conta e adicionar fundos usando o seu cartão de crédito (você pode vincular qualquer número de cartões de crédito à sua conta) ou também pode fazer uma transferência bancária.

Eles aceitam USD, EUR, RUB, GBP ou a sua moeda local.

Depois que os fundos forem adicionados à sua conta, você poderá comprar bitcoins facilmente com 1 clique.

Você tem a opção de armazená-lo em sua carteira CEX.io e trocá-lo ou retirá-lo para sua carteira pessoal.

Vender bitcoins também é muito fácil no CEX.io.

Basta ter os bitcoins em sua conta e usar a seção útil de compra/venda para obter dinheiro imediatamente, ou você pode fazer um pedido na seção trading do site (você poderá obter uma melhor taxa de câmbio se negociar).

Você pode retirar rapidamente os seus ganhos para o seu Visa ou Mastercard e receber seus fundos instantaneamente.

Como alternativa, para transações maiores, você pode sacar por transferência bancária ou SEPA, se estiver na Europa.

Bitstamp

Fundada em 2011, no Reino Unido, a Bitstamp é uma das pioneiras no comércio de Bitcoin.

Eles estão melhorando constantemente os seus serviços e, até o momento, permitem a negociação de Bitcoin, Ripple, Litecoin, Ethereum e Bitcoin Cash.

O Bitstamp tem uma boa reputação em todo o mundo, especialmente porque eles aceitam negociações de qualquer lugar no planeta.

Todos os principais cartões de crédito também são aceites, o que torna a plataforma muito amigável para usuários internacionais.

Eles também prometem que não têm taxas ocultas, com preços transparentes baseados em volume.

Eles garantem que 98% dos fundos digitais sejam armazenados offline por segurança.

O Bitstamp não vende bitcoins.

Em vez disso, eles fornecem um serviço ou plataforma em que as pessoas negociam diretamente umas com as outras e os compradores obtêm os seus bitcoins e os vendedores obtêm o seu dinheiro pelo preço que desejam.

Para começar a comprar e vender bitcoins, você deve criar uma conta Bitstamp.

Você precisará transferir fundos para a sua conta via SEPA, transferência bancária ou cartão de crédito.

Depois que o pagamento é creditado, você pode fazer um pedido de compra instantâneo, que permitirá comprar bitcoins automaticamente pelo menor preço oferecido no mercado Bitstamp.

Uma segunda opção para comprar bitcoins é fazer um pedido limite, no qual você pode definir o preço que deseja comprar.

Para vender bitcoins, primeiro você precisa carregar sua conta Bitstamp.

Depois de fazer isso, você poderá fazer um pedido de venda instantânea para vender automaticamente os seus bitcoins pelo preço mais alto oferecido no mercado.

Como alternativa, você pode fazer um pedido de limite de venda no qual pode definir o preço pelo qual deseja vender seus bitcoins.

Depois que seus bitcoins forem vendidos, você poderá retirar seus fundos na moeda USD ou EUR.

Bitfinex

Desde 2014, a Bitfinex, com sede em Hong Kong, é uma das maiores plataforma de negociação de criptomoedas do mundo em termos de volume.

Esta plataforma completa de negociação à vista permite negociações entre as principais criptomoedas, como Bitcoin, Ethereum, Litecoin, Dash, Ripple e muito mais.

Ter um volume tão grande de trocas de Bitcoin acontecendo nesta plataforma implica melhor liquidez.

Isso significa que você pode negociar um grande volume de bitcoins pelo preço desejado.

As taxas da Bitfinex também são muito baixas em comparação com outras plataformas de trocas de criptomoedas neste guia.

É por isso que muitas pessoas gostam de negociar nesta plataforma, à medida que mais dinheiro vai para suas contas, em vez de serem pagas em taxas.

Financiar sua conta Bitfinex não é tão simples quanto nas outras.

A única maneira de depositar dinheiro é através de transferência bancária, que pode levar dias. Além do atraso, você também precisará pagar à Bitfinex 0,1% do valor do depósito, com um mínimo de US $ 20.

Retirar os seus dólares também é uma dor de cabeça, pois eles oferecem apenas saques bancários.

O seu dinheiro pode levar até 7 dias para ser lançado na sua conta!

Para evitar esse inconveniente, os especialistas em negociação sugerem que você adquira os seus bitcoins ou outras criptomoedas em outro lugar - como Coinbase - e depois transfira-os para sua conta Bitfinex.

Para saques, você pode retirar a sua criptomoeda para sua carteira e depois vender, por exemplo, na Coinbase.

Esta solução alternativa significa que você usa o Bitfinex estritamente para negociar criptomoedas.

Binance

Binance é uma exchange popular de criptomoedas que foi iniciada na China, mas depois mudou a sua sede para a ilha de Malta, um local amigo da criptografia, na UE.

A Binance é popular por seus serviços de negociação de criptomoedas.

A Binance explodiu em 2017 e desde então tornou-se a principal bolsa (exchange) de criptomoedas do mundo.

Quando visitar a Binance pela primeira vez, perceberá rapidamente que a plataforma oferece duas opções para negociação em moeda digital: básica e avançada.

Nem a versão básica nem a avançada são fáceis de usar para iniciantes completos.

No entanto, qualquer pessoa com experiência em moedas digitais e um pouco de conhecimento de como as trocas ou negociação funciona pode usar a plataforma e os seus diferentes serviços de forma muito fácil.

A principal diferença entre a versão básica e a avançada é que a avançada oferece uma análise técnica mais aprofundada do valor da moeda digital ao longo do tempo.

No momento, o painel da versão básica oferece vários gráficos e tabelas para os pares que você negocia, livros de pedidos e histórico de transações.

Para começar a fazer trading, os usuários primeiro terão que criar uma conta.

O processo por trás disso é bastante simples e direto e você não precisa verificar sua conta para nível 1, que tem um limite de retirada diária de 2BTC.

Para o nível 2, que permite até 100 BTC por dia, você precisa fazer o upload de um documento legal com foto e aguardar a aprovação.

Ainda existem limites mais altos, mas você precisará contatá-los diretamente para definir isso.

O tempo para verificação de conta pode variar, dependendo de quão ocupada a equipe de suporte do site esteja. Planeie com antecedência se deseja retirar quantias maiores e verifique se esta etapa está concluída antes de depositar e negociar grandes quantias na plataforma.

Agora que isso está feito, os usuários podem seguir em frente e financiar, ou seja, adicionar fundos à sua conta Binance.

Embora você possa escolher entre uma infinidade de moedas digitais, é recomendável usar o BTC ou o ETH.

Para depositar na sua conta, visite o link "Fundos"> "Depósitos / Retiradas" na parte superior do site e encontre a moeda que deseja enviar.

Em seguida, clique no botão "Depósito" ao lado, que lhe dará o endereço da carteira .

Pode parecer confuso, mas ao criar conta na plataforma vai ver que é muito intuitivo.

Em seguida, você pode enviar os seus fundos para esse endereço para começar a negociar na plataforma. Dependendo da moeda que depositar, também varia o tempo que esses fundos demoram a estar disponíveis, pois isso depende da blockchain da moeda.

A binance é actualmente a maior exchange ou bolsa de criptomoedas do mundo. É extremamente segura, já sofreu tentativas de fraude por parte de hackers mas sem sucesso, devido aos niveis de segurança e robusticidade da tecnologia empregada na plataforma.

O suporte ao cliente é igualmente rápido e bastante eficaz.

E muito importante, é a plataforma com mais moedas listadas, o que lhe dá grandes vantagens e oportunidades de investimento.

Nota:

As Exchanges que eu uso são Binance e Coinbase.

No final deste livro, apresento alguns links exlusivos que pode utilizar para se inscrever nestas corretoras e obter um bônus imediato juntamente com o seu primeiro depósito. É dinheiro grátis, por isso aproveite!

Você está Pronto para Começar a Negociar Bitcoins?

Existem muito mais plataformas para negociar bitcoins e criptomoedas que não pudemos incluir neste livro, mas estas são as principais e mais seguras.

É melhor realizar a devida diligência e pesquisa antes de selecionar uma plataforma de negociação.

Lembre-se de que, independentemente da plataforma de troca de criptomoedas com a qual você opta por negociar, você sempre deve mover as suas criptomoedas para uma carteira mais segura, como uma carteira de *hardware* ou carteira de papel.

Não deixe na sua sua exchange grandes quantias.

Ao fazê-lo, corre o grande risco de ser roubado por hackers.

No entanto, para aqueles mais céticos, que possam pensar que o dinheiro está bem é no banco, temos más noticias, e para isso basta ver o caso do banco Português, BES que faliu e, com isso, deixou inúmeras familias sem as suas poupanças.

Se você precisar armazenar um pouco na carteira online, mantenha a menor quantidade possível, em termos de valores que puder perder.

Usar Bitcoin como Estratégia de Investimento

O Bitcoin é uma forma relativamente nova de moeda que está apenas começando a ganhar força e aceitação mundial.

Com o recente crescimento exponencial no valor do Bitcoin, muitas pessoas estão investindo nessa moeda digital para colher grandes lucros no futuro.

De seguida, abordaremos o básico do uso do Bitcoin como estratégia de investimento.

Investir no mercado de criptomoeda altamente volátil pode não parecer uma boa ideia para algumas pessoas.

Idealmente, você tem que ter nervos de aço, disciplina e foco para ignorar ganhos de curto prazo, bem como paciência para manter o seu investimento até à hora certa.

Se você está realmente determinado a investir em uma pequena parcela do mercado de criptomoedas, pelo menos deve conhecer os métodos mais adequados para aproveitar ao máximo o seu investimento.

Métodos de Investimento em Bitcoin

Método de Média de Custos em Dólares ou Moeda Fiat

Essa estratégia é melhor para iniciantes no mundo dos investimentos, porque você não precisa se preocupar em entrar no mercado no momento certo.

Você não precisa se preocupar em esperar que o preço do bitcoin caia. Em vez disso, basta comprar em intervalos regulares para diminuir o risco e manter/armazenar os seus bitcoins em uma carteira segura e fria (como uma carteira de papel ou carteira de hardware).

Por exemplo, se você tiver US $ 100 a mais a cada semana, poderá comprar bitcoins a cada semana.

Haverá semanas, em que seus US $ 100 podem comprar mais bitcoins, e em outras semanas a mesma quantidade comprará menos.

Este método lhe dá tranquilidade, porque você não precisa se preocupar com as quedas no preço do Bitcoin.

Você só precisa ser disciplinado o suficiente para seguir seu cronograma regular e comprar quando precisar comprar sem consultar os gráficos de preços do bitcoin a cada hora.

Você não espera que o preço caia só porque vê uma tendência de queda nos gráficos, você simplesmente compra os seus bitcoins.

Com o método de média de custos em dólares, os seus lucros também serão calculados quando você decidir vender os seus bitcoins.

Método de Investimento para Quantias Fixas

O método de quantia fixa é um método muito mais arriscado de investir bitcoins, porque você estará comprando os seus bitcoins por um único preço.

Se você tem US $ 100.000 para investir, é claro que deseja comprar o maior número de bitcoins, então espera que o preço diminua.

Para maximizar o seu investimento, você será obrigado a esperar pelo menor preço possível antes de comprar seus bitcoins.

Esse método significa que você terá que "pontuar e observar constantemente" o mercado e comprar na hora certa.

Claro que, com uma mercadoria volátil como o bitcoin, isso é mais fácil dizer do que fazer.

O preço varia tanto que é extremamente difícil prever quando é a próxima queda de preço para que você possa comprar.

Tentar cronometrar o mercado pode causar muita dor de cabeça e estresse a um investidor inexperiente.

Isso traz à mente muitos "e se", tais como:

"E se eu esperar mais algumas horas, o preço pode cair e eu vou conseguir comprar mais bitcoins?" Ou "E se o preço nunca cair para o preço em que quero comprar bitcoins?" Eu nunca serei capaz de comprar bitcoins.

Quando se trata de vender o seu investimento fixo no futuro, você também pode achar difícil vender, porque estará à espera para vender no momento certo, para obter o máximo lucro.

Você tentará prever o preço mais alto e se repreenderá se vender muito cedo e perder a possibilidade de obter lucros muito maiores.

O lado bom do método de investimento de montante fixo é que, se você conseguir comprar pelo preço mais baixo possível e vender pelo preço mais alto possível, obterá um lucro muito maior do que se investisse bitcoins usando o método de média de custo em dólares.

Método de Investimento em Fundo de Hedge de Criptomoedas

Se você não quiser se preocupar em aprender o básico de investir usando o método de média do custo do dólar ou do valor fixo, é melhor investir seu dinheiro em um fundo de hedge de criptomoedas.

No entanto, essa opção é mais adequada para pessoas que podem pagar suas pesadas taxas de gerenciamento e desempenho.

A taxa de administração é paga antecipadamente. Alguns fundos exigem uma taxa de gerenciamento de 2%, portanto, se você estiver investindo US $ 100.000, US $ 2.000 serão destinados à taxa de gerenciamento, o que significa que apenas US $ 98.000 serão investidos em criptomoeda.

Além disso, o seu gerente de fundos de hedge receberá uma percentagem de seus lucros.

Alguns gerentes exigem uma taxa de desempenho de 20%; portanto, se você lucrar US $ 50.000 com seu investimento, US $ 10.000 serão pagos como taxa de incentivo.

O método do fundo de hedge pode não agradar a todos, mas se você olhar além das taxas, pelo menos está adotando uma abordagem prática ao investimento, que pode ser muito lucrativa para você e seu gerente de fundos de hedge.

Sinceramente na minha opinião pessoal, eu acredito que bancos, gestores etc, "aproveitam-se das pessoas", digamos assim.

Eles cobram para gerir o seu dinheiro e se você tiver lucro, eles lucram. Mas se por algum acaso eles gerirem mal os seus fundos, você perde e eles não podem ser responsabilizados pela má gestão.

Por isso, eu defendo que hoje em dia, seja investir no mercado de ações, em renda fixa, fundos, criptomoedas ou o que for – o investimento é (e deve ser) acessível a todos.

Para isso, a pessoa comum apenas precisa de um pouco de educação financeira. Precisa aprender um pouco sobre o investimento que prentende fazer e começar com quantias pequenas, para poder aprender.

Acredito que o conhecimento paga os melhores juros, por isso invista em si e no seu conhecimento.

Eu não sou diferente de si. Quando decidi aprender, foquei-me um pouco na minha educação financeira e obtive grandes retornos.

O que eu achava ser um bicho de sete cabeças, revelou-se um processo bastante simples.

No entanto, muitas pessoas bloqueiam logo na parte inicial, porque acham cansativo ou chato criar conta nas exchanges, por exemplo.

No fim deste livro vou revelar um pouco do meu portefólio.

Método de Investimento Lending

O Lending é um recurso que por exemplo a Binance oferece e é nada mais nada menos que o empréstimo com criptomoedas.

Com o Lending, você pode usar as suas criptomoedas para fazer empréstimos.

Quando o período de empréstimo do seu produto escolhido acabar, você vai recuperar as criptomoedas que emprestou e receberá um valor de juros!

No caso da Binance Lending, ela oferece esta ferramenta a você como mais uma nova maneira de aumentar o seu portefólio de criptomoedas.

Como o Lending funciona

Dentro das opções disponíveis na corretora, neste caso a Binance, você decide a quantidade de tokens ou moedas que deseja emprestar no momento da inscrição.

Funciona como um investimento no banco com data de vencimento etc...

Durante esse período, os usuários não poderão retirar os fundos que investiram no produto de empréstimo.

Um exemplo:

O principal benefício de usar o Lending (e neste caso apenas posso falar do binance Lending que é a plataforma que uso para esse fim), é que tem a oportunidade de lucrar passivamente com as suas criptomoedas.

Quer você seja um HODLER (Investidor a longo prazo) de criptomoedas tentando maximizar os lucros ou um trader que deseja dar uma pausa nas atividades, os produtos do Binance Lending permitem acumular juros e aumentar o seu saldo de tokens independentemente da movimentação do mercado.

Por exemplo: você decidiu fazer uma pausa nas trades durante Novembro para se inscrever em um produto da Binance Lending usando 500 BNB (Binance Coin) da sua conta.

A taxa de juros anual para esse produto (moeda) de empréstimo, com um período inicial de 14 dias, é de 15%.

Isso significa que se você armazenar 500 BNB por um ano no empréstimo, o seu saldo de BNB aumentará 15%, ou seja vai ganhar 75 BNB, anualmente.

Isso significa um ganho de 2.875 BNB em apenas 14 dias!

Nota: foi dado o exemplo usando a moeda da binance, no entanto a plataforma tem vários ativos (idêntico a produtos bancarios) disponiveis.

E também a taxa de juro varia consoante a moeda.

Mas é tudo descriminado na plataforma e de fácil entendimento.

Eu usei este metodo de investimento algumas vezes, e continuo a usar.

Cada um deve fazer a sua própria pesquisa e verificar se é o método certo para si.

Trading

O trading já foi explicado anteriormente.

Passando à Prática - Portefólio Para Iniciantes

Agora que você sabe como ganhar dinheiro com as Criptomoedas, provavelmente está se perguntando como começar.

Não se preocupe, você não está sozinho.

Durante mais de dois anos, recebemos as mesmas perguntas todos os dias:

"Em quais moedas devo investir?"

"Quais são as melhores moedas?"

"E qual estratégia devo escolher?"

Não se preocupe, vamos ajudá-lo!

Nas próximas páginas, explicaremos exatamente o que sugerimos que você faça.

Muito Importante

Não somos consultores financeiros e você é responsável por suas decisões de investimento (consulte os riscos).

No entanto, podemos dizer o que faríamos se fossemos começar novamente a investir em criptomoedas do zero.

O Nosso plano simples consiste em 2 etapas.

Você pode pular a primeira, se já comprou o seus primeiros Bitcoins.

Chega de conversa, vamos lá!

O mais importante é que você comece!

Muitas pessoas preocupam-se demais, esquecendo que é importante agir, não apenas conversar.

A nossa recomendação:

Faça a sua primeira compra!

Comprar os seus primeiros Bitcoins ou percentagem deles (satoshis) é o passo certo para começar a usar Cripto.

Não importa o quanto você queira investir, mas saiba novamente que você deve investir apenas o que está disposto a perder!

Embora não exista um investimento mínimo real, recomendamos investir pelo menos US $ 100.

Posso garantir que, após a primeira compra, você estará muito mais interessado em criptografia e isso facilita tudo!

Você pode comprar Bitcoins facilmente, por exemplo, na Coinbase.

Você pode usar o link abaixo para obter US $ 10 extra em Bitcoin se comprar mais de US $ 100!

[Coinbase]

(https://www.coinbase.com/join/rocha_1)

Após a primeira compra, você notará que existem mais criptomoedas do que apenas Bitcoin, e isso vai despertar interesse.

Se você deseja minimizar os riscos e não apenas possuir o Bitcoin como sua única criptomoeda, é claro que pode adicionar mais moedas ao seu portfólio.

Investir com sucesso também significa saber como diversificar (o que significa dividir seu dinheiro em diferentes posições).

Recomendamos que você tenha entre 3 e 10 criptomoedas em seu portefólio.

Se você tiver moedas em demasia, o seu portefólio poderá tornar-se incontrolável para alguém iniciante e até mesmo avançado.

O objectivo é simplificar e não complicar.

Você está curioso sobre quais moedas recomendamos para iniciantes?

Abaixo, você encontra o nosso portefólio recomendado para iniciantes.

Consiste em 5 posições, cada posição sendo ponderada de maneira diferente.

Portfólio para Iniciantes:

Bitcoin (45%)

O avô de todas as Criptos. Assegura transações descentralizadas e serve como reserva de valor assim como o ouro. Aliás, o Bitcoin é chamado de ouro digital.

Ethereum (20%)

Contratos inteligentes e plataforma de token número um, liderando a implantação de uma plataforma robusta para desenvolvimento de aplicativos distribuídos.

XRP (15%)

Transações rápidas e seguras, mas mais focadas em instituições financeiras.

BNB - Moeda Binance (15%)

O símbolo da Binance, uma das maiores bolsas do mundo

Outras (5%)

Pegue 5% e experimente algo novo! Invista em um ICO ou tente negociar seguindo a tendência nas notícias.

De qualquer forma, sempre aprenda com um ou outro erro, porque é assim que você ganha experiência.

Nestes 5%, poderia inserir moedas como ChainLlnk, uma moeda apadrinhada pelo Google, onde eles investiram milhões. Eles fizeram o trabalho de casa. Logo, com certeza esta é uma moeda vencedora.

Outras moedas que pode incluir são Litecoin - que é chamada de prata digital - e Tezos, que tem tido um crescimento impressionante.

Claro que você pode remodelar e personalizar o seu portefólio como quiser!

Você pode comprar todas essas moedas facilmente na Coinbase, à excepção da moeda Binance que, como é natural, apenas está presenta na exchange Binance!

Estratégias para ter Sucesso Investindo em Bitcoin

Investir em bitcoin é semelhante a investir em ações.

Ambos são investimentos de alto risco e alta recompensa que, sem dúvida, não são para todos.

O Bitcoin é ainda mais volátil do que o mercado de ações. Por isso, se você deseja investir nessa criptomoeda ou em qualquer outra criptomoeda, precisa conhecer as seguintes estratégias para ter sucesso...

Ter um Plano Sólido em Vigor

Não invista cegamente e não invista apenas porque todos que você conhece compraram bitcoins.

Ao investir, você precisa ter um plano bom e sólido onde você traça o seu ponto de entrada e o seu ponto de saída.

O seu plano precisará estar de acordo com o método de investimento que você escolher seguir.

Portanto, se você escolher o método de média de custos em dólares, precisará ter um plano sólido, para controlar a quantidade e a frequência com que estará comprando bitcoins.

Para investir em uma quantia fixa, é necessário saber com antecedência a que preço você compra os seus bitcoins.

Para investir em fundos de hedge, você precisa considerar as taxas que precisa pagar e saber o melhor momento para investir.

Esteja preparado para a Volatilidade

Esta é a estratégia número um que você precisa dominar.

Todo mundo sabe que o Bitcoin é um investimento altamente volátil, com o seu preço a subir e a descer centenas de dólares em poucos minutos.

Você pode pensar que já tem ideia que será volátil porque viu os gráficos e praticou em uma conta demo de Bitcoin.

Você diz a si mesmo que pode lidar com o risco.

Mas quando você tem milhares de dólares, ou seja, dinheiro verdadeiro em jogo, é um cenário muito diferente.

Especialmente se você trabalhou duro para conseguir esse dinheiro!

Você pode ter trabalhado por meses ou anos e há uma chance muito real de perder tudo em apenas alguns minutos.

A melhor coisa que você pode fazer é não se incomodar com os declínios.

Basta fazer algo que o ajude a relaxar e afastar os bitcoins da mente porque, se não o fizer, você pode literalmente enlouquecer.

Investir em Bitcoin é como uma montanha-russa: você só precisa se segurar firme até chegar ao final do passeio!

Mantenha a Calma e Não Entre em Pânico

Dizer isso para outros investidores em pânico é muito fácil, mas quando é você que está em pânico, é um sentimento completamente diferente.

O pensamento de milhares de dólares escorrendo pelo ralo é suficiente para fazer com que alguém viesse a sofrer um colapso mental que, é claro, levaria a decisões irracionais.

Se você não pensa com clareza, pode querer reduzir suas minimizar suas perdas imediatamente, sem pensar no que vai acontecer a longo prazo.

Se você jogar bem suas cartas, os seus bitcoins irão valer muito mais do que quando você pagou por eles.

Mas você nunca experienciará isso, se entrar em pânico e vender cedo demais.

Manter a Perspectiva

Investir em Bitcoin é uma atividade financeira de longo prazo.

É diferente da negociação do dia-a-dia (day trade) que envolve mais análises técnicas para que um profissional possa obter um bom lucro.

Ao investir em bitcoin, você reduz o zoom dos gráficos de preços do bitcoin e olha para a imagem geral, ou seja, análise fundamental.

Não se preocupe em olhar para os gráficos diários, semanais ou mensais, pois isso lhe trará nada além de estresse.

Veja a variação ao longo do tempo do preço do Bitcoin.

De, literalmente alguns centavos quando começou, a milhares de dólares agora.

E especialistas estão dizendo que a tendência de aumento continuará por muitos anos. Portanto, se você superar os altos e baixos do Bitcoin, terá um portfólio de investimentos muito bom em alguns anos.

Não invista o que Você Não Pode Perder

Este é provavelmente o conselho mais importante que você precisa observar.

Você já sabe que investir em criptomoedas altamente voláteis pode torná-lo incrivelmente rico ou leva-lo à falência.

Mas não tem que passar por esses dois extremos.

Você não precisa investir toda a sua fortuna ou todas as economias de uma vida em Bitcoin ou qualquer outra criptomoeda!

A coisa mais prudente que você pode fazer é investir apenas o que pode perder. Isso significa não gastar dinheiro que você não pode perder.

Se você optar por investir usando o método de média de custo em dólares, o método de investimento com quantia fixa ou mesmo investir em um fundo de hedge de criptomoeda, não use dinheiro que precisa ser usado em outro lugar.

Se você tem dinheiro reservado para a sua aposentadoria, um fundo de saúde, um fundo de emergência ou talvez até o dinheiro da faculdade de seus filhos, nem pense em tocar nesses fundos.

Muitas famílias desmoronaram por causa de decisões financeiras erradas e gastaram fundos importantes em investimentos arriscados.

Se você fez algo semelhante no passado e conseguiu se safar, ou seja, obteve lucros, não fique convencido de que pode fazer o mesmo nas criptomoeda.

É um "animal diferente", por assim dizer.

É o oeste selvagem dos investimentos atuais e você perderá o seu dinheiro suado.

Paciência e Disciplina São as Chaves do Sucesso

O investimento em Bitcoin é um jogo de longo prazo.

Você precisa ser paciente quando o preço do Bitcoin cair e o seu investimento junto com ele.

Se você analisou as tendências do Bitcoin, verá que está em uma tendência ascendente desde o início em 2009. Então você só precisa superar as dúvidas até chegar ao topo, onde ficará feliz em vender os seus bitcoins, ou a sua posição de bitcoins.

No mundo do investimento em Bitcoin, haverá muitas dúvidas e obstáculos.

Você só precisa da disciplina para manter os seus investimentos e não se assustar quando os preços ficarem muito baixos.

Da mesma forma, não fique muito animado quando o preço subir.

Um plano sólido, paciência e disciplina levarão você ao sucesso no investimento em Bitcoin.

O Retrospecto é Sempre 20/20

Não se repreenda se você comprou por um preço muito superior ao preço atual do bitcoin.

E não adianta ficar com raiva de si mesmo se você vender seus bitcoins muito cedo quando o preço subir depois que você os vender.

Ninguém pode prever o futuro.

Não tente advinhar precisamente o fundo, até quando o preço vai cair, nem o topo, até onde ele vai subir.

Portanto, a melhor coisa a fazer é tentar obter um lucro planejado e não pensar nos "e se", porque isso realmente não vai ajudá-lo.

Como se costuma dizer, o retrospecto é sempre 20/20.

Para colocar as coisas em perspectiva, se todos pudessem ver o futuro, todos teríamos investido em bitcoins quando ele foi introduzido pela primeira vez pelo seu fundador, Satoshi Nakamoto.

Aplicativos Para o Mundo Cripto

Depois da confusão inicial que algo causa e, neste caso, a explicação técnica e whitepapers das criptomoedas que muitos achavam confusos, as criptomoedas estão lentamente a entrar no *mainstream*.

Agora é mais fácil do que nunca comprar, vender e armazenar as suas criptomoedas e você pode até negociar com seu smartphone.

À medida que mais e mais investidores começam a prestar atenção ao cripto, a demanda por soluções móveis rápidas e convenientes cresce.

Se você é um usuário do Android ou prefere o iPhone, existem várias maneiras simples de começar no mundo das criptomoedas.

Veremos alguns aplicativos que podem ser extremamaente úteis de seguida...

Exchanges:

De longe, o tipo mais popular de aplicativo de criptomoeda. As exchanges (bolsas, locias onde troca dinheiro por uma criptomoeda) permitem comprar e vender criptomoedas.

Você pode conectar sua conta bancária ou cartão de crédito para comprar a sua criptomoeda.

Ex: Coinbase

Carteiras

Como já referimos antes, uma carteira de criptomoedas é um tipo de armazenamento para as suas criptomoedas.

Ao contrário de uma exchange, você não pode comprar ou vender criptos com um aplicativo de carteira.

As carteiras concentram-se em recursos de segurança de alto nível para manter suas moedas seguras.

A maioria dos traders especializados não recomenda manter as suas moedas em uma exchange, se você não planeia vendê-las-

Portanto, você pode precisar de dois aplicativos separados. Um para sua exchange e outro para a sua carteira, se deseja manter as criptomoedas a longo prazo.

Cada carteira é projetada para funcionar com um tipo ou subconjunto específico de criptomoedas, por isso, certifique-se de escolher a correta para o seu portfólio.

Ex: Trezor

Notícias

Diferentemente do mercado de ações ou forex, as exchanges de criptomoedas estão abertas 24 horas por dia, 7 dias por semana, incluindo feriados.

Isso torna especialmente importante acompanhar as notícias diariamente.

Um bom aplicativo de notícias sobre criptomoedas concentra-se em algumas das criptos mais importantes (como Bitcoin e Ethereum), bem como em moedas menores que fazem movimentos incomuns.

Ex: Crypto News Scoop

Rastreadores

Um rastreador de criptomoedas é um tipo de aplicativo que mostra informações em tempo real sobre os preços das criptomoedas.

Qualquer exchange apresentará essas informações, mas ter um aplicativo rastreador individual também pode ser benéfico.

Por exemplo, se você prefere armazenar os seus ativos em uma carteira externa rígida, mas ainda deseja acompanhar os movimentos de preços ao longo do dia, escolher um aplicativo rastreador simples é menos complicado do que se inscrever em uma plataforma de trading.

Ex: CoinStats

Outros:

Ao longo do livro fomos falando de plataformas como o coinmarketcap, o tradingview, etc.

E pode ainda encontrar um sem numero de outros aplicativos que o vão ajudar a investir e a ganhar dinheiro com o bitcoin e as criptomoedas.

Por exemplo, algumas plataformas tornam necessário o uso de um autenticador de dois fatores para tornar a sua conta ainda mais segura. Nesse caso, sugerimos o **Google Authenticator**, que é a aplicação que usamos para esse fim.

O que procurar em um aplicativo de criptomoeda

Independentemente do tipo de aplicativo de criptomoeda que você precisa, há algumas coisas que você deve procurar ao comparar todas as suas opções.

Segurança de alto nível

Bitcoin e outras transações de criptomoeda são muito difíceis de rastrear.

Depois de iniciar uma transação entre carteiras, é praticamente impossível cancelar ou recuperar seu dinheiro.

Devido à natureza descentralizada da blockchain, também é quase impossível dizer quem é dono de qual carteira.

Uma transação não autorizada da sua bolsa poderia ter acontecido na sua rua ou até na Austrália, não há como dizer exatamente quem é o responsável.

Isso faz das criptomoedas o mercado perfeito para criminosos, hackers e golpistas.

Antes de baixar qualquer aplicativo de exchange ou carteira, revise os recursos de segurança da empresa.

Procure autenticação de dois fatores e criptografia de back-end para manter as suas moedas o mais seguras possível.

Dados em tempo real

Os mercados de criptomoedas estão sempre em movimento.

É possível ir dormir e ver uma única moeda disparar em 25%, ou a perder metade do seu valor.

Manter o controlo do mercado de criptomoedas significa informações atualizadas minuto a minuto, porque os dados criptografados tornam-se obsoletos muito mais rapidamente do que as informações sobre ações ou moedas fiduciárias.

Se você deseja uma plataforma abrangente de negociação de criptomoedas ou um rastreador simples que permita saber como estão suas moedas favoritas, procure dados e informações em tempo real.

Isso garante que você não esteja a usar informações desatualizadas para basear as suas decisões de negociação e investimento.

Disponibilidade em sua área

A disponibilidade não é muito preocupante se você estiver apenas interessado em aprender mais sobre criptomoedas com um aplicativo ou rastreador de notícias.

No entanto, se você deseja comprar e vender ativamente criptomoedas, verifique se o aplicativo em que você está interessado está disponível em sua área.

À partida, não há qualquer problema. No entanto, é bom ter em conta tudo isso.

A legalidade do Bitcoin e de outras criptomoedas é um tópico muito debatido, graças à sua natureza descentralizada e às dificuldades tributárias.

Vários países e estados proibiram exchanges não regulamentadas e de fácil manipulação, enquanto outros instituíram limitações quanto ao tipo de criptomoedas que podem ser compradas e vendidas.

Antes de investir demais em um aplicativo, verifique se ele está disponível onde você mora.

Fraudes e Erros Comuns

Neste capitulo, vamos falar sobre alguns erros e algumas fraudes a que aqueles que estão a iniciar neste mundo, estão sujeitos.

Lembre-se: geralmente os malfeitores são pessoas cheias de artimanhas e estão sempre a inovar, mas eu pretendo que você esteja alerta e um passo a frente.

E assim pretendo consciencializar o leitor, para que possa proteger-se contra algumas das fraudes mais comuns.

Pretendo ajudá-lo também a evitar cometer alguns dos erros comuns, que podem ser fatais.

Vamos começar.

Erros de digitação

Sempre verifique os números ou o texto digitados duas vezes!

Uma casa decimal pode ter um grande significado se você enviar US $ 100 em vez de US $ 10, por exemplo!

Endereço Errado

Infelizmente, esse é o erro mais comum e é cometido pela maioria das pessoas que desejam comprar uma criptomoeda.

O erro mais comum é quando você envia o BTC para um endereço ETH ou vice-versa.

Se o fizer, sua Cripto está perdida!

Deixar Moedas na Plataforma de Trading

Este é outro erro que os recém-chegados cometem.

A maioria deles acredita que suas moedas só são acessíveis e seguras através de suas chaves.

No entanto, as exchanges são um alvo "fácil" para hackers.

Manter as suas moedas por lá coloca você em grande risco, pois os hackers podem acessá-las com suas credenciais de login!

Já falamos disso antes, e a minha opinião é que mantenha a parte dedicada ao trading activo na plataforma, e o resto do seu portefólio armazenado.

Perder a Chave Privada

Chaves criptográficas são a única maneira de provar a propriedade de um ativo criptográfico.

Se você perder essas chaves, perderá o acesso aos seus ativos.

Sempre mantenha a sua chave privada em um local seguro, de preferência em uma carteira de hardware.

Fraudes

Todos nós ouvimos pessoas acusar as criptomoedas de serem uma farsa.

O motivo é que muitas pessoas perderam dinheiro com Cripto e ICOs (Oferta Inicial de Moeda) porque investiram e acreditaram em projetos errados.

Mas isso não significa que toda a indústria deva ser identificada como uma farsa!

Os dois tipos mais comuns de golpes são os golpes das ICO e os "especialistas" de negociação ou os gerentes de contas falsos.

Abaixo, começamos com uma breve visão geral:

Golpes com ICOs

No nicho de criptomoedas, as ICOs ou as Ofertas Iniciais de Moedas são usadas para arrecadar fundos para novos projetos e startups.

No entanto, muitos usam isso como forma de fraude.

Obviamente que nem todos fizeram isso. Houve casos suficientes em que a ICO acabou sendo um grande sucesso e surgiram projetos significativos.

"Especialistas" em Negociação

Você pode ter tropeçado nesses especialistas nas mídias sociais, especialmente no Instagram e no Twitter.

Eles podem comentar abaixo das postagens relacionadas a criptografia ou enviarem uma mensagem privada e fingirem ser um especialista em negociação de criptomoedas e um gerente de contas profissional.

Infelizmente, esse tipo de golpe é responsável pela maioria dos roubos nos dias de hoje.

A seguir vai conhecer quais são esses métodos e como evitá-los.

O princípio básico dos golpes nos ICO é o mesmo na maioria das vezes: "fabricar" uma ICO falsa, criar marketing agressivo e convencer as pessoas a comprá-las.

Se você não quer estar entre esses pobres coitados, leia o seguinte para detectar ICOs fraudulentas.

❖ *Bom demais para ser verdade!*

É isso que todos os golpes da ICO têm em comum.

Portanto, antes de investir em uma ICO, leia o White paper, confira a equipe, o roteiro e tudo o que encontrar.

Mas a coisa mais importante: FAÇA A SUA PRÓPRIA PESQUISA para entender se a oferta é realmente boa demais para ser verdadeira ou não.

Alguns sinais de ICOs fraudulentas:

- Um white paper copiado
- A maioria da equipe é anônima.
- Uma pressa incomum para vender
- Incompatibilidade de discurso, seja falado ou escrito
- Falta de informações de suporte ou contato
- Falta de um *roadmap*

"Especialistas" em Negociação

Você definitivamente pode observar essas mensagens suspeitas ao rolar pela seção de comentários em algumas páginas do Instagram relacionadas a criptografia, onde as pessoas comentam 'depoimentos' sobre 'especialistas' em transações e 'gerentes de contas', que os ajudaram a obter 'lucros enormes'.

Você também deve ter em mente o tempo todo que:

Os esquemas de enriquecimento rápido permitem apenas que outras pessoas fiquem ricas através do seu dinheiro.

Eles pedirão para você enviar o dinheiro que eles usarão para investir por si.

Na verdade, esta será a última vez que você verá o seu dinheiro, portanto, não faça isso!

Não há muito a dizer sobre isso.

No entanto, sem dúvida, a maioria dessas mensagens leva a fraudes, portanto, eu lhe peço-lhe: nunca lhes responda e, claro, nunca lhes envie o seu precioso dinheiro.

Parece óbvio, mas muitas pessoas a cada dia caem nestes golpes, influenciadas por pessoas e discursos bem elaborados e, claro, pela promessa de lucro rápido e fácil.

Além do mais, toda a empresa que lhe prometa, por exemplo, um rendimento fixo diário de 1% ou 3%, é suspeita.

Repare: as criptomoedas são altamente voláteis. Ou seja, se o Bitcoin pode descer 5% ou 10% em um dia, como é que eles lhe podem prometer esse rendimento fixo diário?

Mensagem Privada no Instagram

A maioria deles falará sobre uma oportunidade de investimento com retornos incríveis.

Muitas vezes, eles calculam quanto dinheiro você pode ganhar em um período muito curto de tempo.

Voltamos a bater na mesma tecla: se parece bom demais para ser verdade, mantenha distância!

Comentários sobre o Conteúdo Relacionado a Criptomoedas

Eles falarão sobre o seu histórico e experiência ruins com as criptomoedas.

Eles estavam prestes a perder a fé na Cripto.

Mas 'felizmente', um dia, eles se depararam com um gerente de contas que os ajudou a obter grandes lucros sem nenhum esforço.

Novamente, isso parece bom demais para ser verdade!

Além disso, alguns deles desejam que você se registre em qualquer plataforma com o link de referência.

Eles ganharão comissão se você se registrar nessa plataforma e na maioria das vezes você nunca receberá o seu dinheiro investido de volta!

Se você não tem certeza se alguém que o contata é um golpista, confira o perfil dele.

Se eles têm muitas postagens copiadas sobre dinheiro, ouro etc. e o texto da Biografia consiste em algo como "Trading Expert", "Account Manager", "DM me to earn $ XXX" ou as suas variações em português, você pode denunciar essa conta no Instagram.

Você Fará Parte da Revolução das Criptomoedas?

Neste livro, você aprendeu muitos benefícios do uso da tecnologia Bitcoin, criptomoedas e *blockchain*.

Investir em criptomoeda pode ser do seu interesse, embora seja sempre melhor fazer pesquisas aprofundadas sobre em que tipo de criptomoeda investir.

Bitcoin pode ser muito caro por enquanto, mas lembre-se de que você não precisa comprar um bitcoin inteiro: pode comprar percentagens de bitcoin, os *Satoshis*.

Como alternativa, existem outras criptomoedas emergentes com bons registros em que você pode investir.

Com as criptomoedas a entrarem e a integrar aos principais mercados financeiros, investir em criptomoeda não é mais um pensamento assustador.

Na verdade, pode ser a melhor decisão financeira que você já tomou para você e para o futuro de sua família.

Espero que me siga nas redes sociais, e que possamos estar em contacto.

Um forte abraço

Bónus Exclusivo

O meu portefolio:

- **Bitcoin – 60%**
- **Ethereum – 15 %**
- **Litecoin – 15 %**
- **Outras como Link, Tezos, Xrp, Binance Coin - 10%**

Possuo uma parte do meu capital para realizar trading BTC/Altcoins e aumentar o meu Bitcoin, e faço isso com cerca de 0,2 BTC.

Possuo outra parte do meu capital em Dólares: cerca de 2000. E realizo trading Dolar/Btc ou outra criptomoeda para aumentar os meus dólares, ou seja, ganhar moeda FIAT.

LIMITE DE RESPOSABILIDADE FINANCEIRA

Geral:

Todo produto financeiro, classe de ativos ou investimento tem risco.

A criptomoeda (também conhecida como tokens digitais, moedas digitais ou cripto(s) não é diferente.

É por isso que é importante que todos estejam cientes dos riscos potenciais presentes ao investir nestes ativos.

Livro:

As informações fornecidas neste livro são apenas para fins educacionais e não devem ser consideradas conselhos de investimento ou recomendação de qualquer outro investimento, estratégia/produto de investimento específico.

Risco de Mercado

As criptomoedas são relativamente novas.

Consequentemente, você deve ter cuidado ao negociar e manter tokens digitais.

Você não deve investir fundos no mercado de criptomoedas que não está preparado para perder completamente, ou seja, aloque capital de risco apenas para tokens digitais.

Depois que você se posiciona em uma moeda específica (ou várias moedas), é impossível saber se a (s) moeda (s) ou todo o mercado perderão/ganharão uma quantidade substancial de valor, resultando em uma perda substancial para o seu portefólio.

Isso acontecerá não importando se você está em no mercado de investimento a curto ou longo prazo.

Todos Os Links Importantes Mencionados Ao Longo Do Livro.

Acesse todos os links referenciados ao longo do livro no seguinte endereço:

- www.iniciarnegociosonline.com/livro-bitcoin